I0868336

QUE
RIDA
MI AGENDA
YO

Papel certificado por el Forest Stewardship Council®

MIXTO
Papel | Apoyando la silvicultura responsable
FSC® C117695

Penguin Random House Grupo Editorial

Primera edición: septiembre de 2025

© 2025, Elizabeth Clapés
Todos los derechos reservados
© 2025, Penguin Random House Grupo Editorial, S. A. U.
Travessera de Gràcia, 47-49. 08021 Barcelona
Diseño de la cubierta: Penguin Random House Grupo Editorial

Penguin Random House Grupo Editorial apoya la protección de la propiedad intelectual. La propiedad intelectual estimula la creatividad, defiende la diversidad en el ámbito de las ideas y el conocimiento, promueve la libre expresión y favorece una cultura viva. Gracias por comprar una edición autorizada de este libro y por respetar las leyes de propiedad intelectual al no reproducir ni distribuir ninguna parte de esta obra por ningún medio sin permiso. Al hacerlo está respaldando a los autores y permitiendo que PRHGE continúe publicando libros para todos los lectores. Ninguna parte de este libro puede ser utilizada o reproducida con el propósito de entrenar tecnologías o sistemas de inteligencia artificial. PRHGE se reserva expresamente la reproducción, la extracción y el uso de esta obra y de cualquiera de sus elementos para fines de minería de textos y datos y el uso a medios de lectura mecánica u otros medios que resulten adecuados (art. 67.3 del Real Decreto Ley 24/2021). Diríjase a CEDRO (Centro Español de Derechos Reprográficos, http://www.cedro.org) si necesita reproducir algún fragmento de esta obra.
En caso de necesidad, contacte con: seguridadproductos@penguinrandomhouse.com

Printed in Spain — Impreso en España

ISBN: 979-13-87724-22-1
Depósito legal: B-12.072-2025

Compuesto por Carol Borrás
Impreso en Gómez Aparicio, S. L.
Casarrubuelos (Madrid)

GT 24221

QUERIDA YO

Elizabeth Clapés

MI AGENDA

GROU

Querida tú,

Esta agenda no tiene fechas, de manera que tu año empezará cuando tú quieras que empiece, y lo hará de la mejor manera, desde la reflexión, la gratitud y la presencia ♡.

CÓMO USAR ESTA AGENDA

Ahora te voy a explicar los apartados que te irás encontrando, para que los uses de la forma adecuada.

Un **calendario emocional** es un calendario en el que podemos registrar cómo nos hemos sentido durante el día para ayudarnos a tener una visión general de cómo ha sido nuestro estado de ánimo durante el último mes o, incluso, año. Esto, además de darnos información sobre nuestra salud mental, nos permite encontrar patrones repetitivos.

Por eso es interesante compaginarlo con un calendario menstrual o, si lo prefieres, marcar sobre este mismo calendario tu ciclo menstrual en caso de tenerlo.

Te invito a rellenarlo con las formas y colores que representen cada uno de tus días. Deja salir a la artista que hay en ti y llénalo de la manera que más te guste. También puedes añadir una palabra que defina tu día.

Calendario emocional

Más adelante encontrarás un **emocionario**: un diccionario de emociones. Podrás consultarlo para rellenar cada día el apartado de «emociones con las que he conectado hoy». Este ejercicio te ayudará a poner nombre a lo que sientes para poder luego reconocer de dónde vienen tus emociones y por qué están contigo en ese momento.

Emocionario

EMOCIONARIO

Aburrimiento
sensación desagradable de pesadez asociada a la falta de diversión, interés o satisfacción por algo.

Alegría
sensación de estar muy contento, similar a la felicidad, pero de más corta duración.

Alivio
tranquilidad y desahogo que se siente tras ser liberado de una preocupación o malestar. Sucede cuando algo desagradable que nos incomodaba llega a su fin.

Amor
afecto y cariño que sentimos hacia otra persona y nos lleva a desear su bienestar y felicidad.

Asco
sensación de desagrado que se produce ante alguien o algo que se considera repugnante y nos empuja a rechazarlo. El asco puede ser muy útil para mantenernos alejados de situaciones que pueden poner en peligro nuestra salud.

Asombro
sensación que se da cuando nos sentimos maravillados por acontecer algo que no creíamos posible.

Compasión
sensación de pena y tristeza al saber de la desgracia de otra persona. Puede despertarnos el deseo de ayudarla, remediar su dolor o evitarlo.

¿Con qué emociones has conectado hoy? Puedes recurrir al emocionario.

Verás que cada día tienes un recuadro para **reflexionar sobre tus seres queridos** y tu relación con ellos. Es una forma de ayudarte a estar al día preguntando a tus seres queridos por eventos importantes para ellos, como citas médicas, reuniones, exámenes o problemas personales que te hayan contado. Así, lo que te cuenten no se quedará en el olvido y tú misma te recordarás el preguntarles por ello.

¿Alguien importante en tu vida tiene hoy algo por lo que deberías preguntarle?

EMOCIONARIO

Aburrimiento
sensación desagradable de pesadez asociada a la falta de diversión, interés o satisfacción por algo.

Alegría
sensación de estar muy contento, similar a la felicidad, pero de más corta duración.

Alivio
tranquilidad y desahogo que se siente tras ser liberado de una preocupación o malestar. Sucede cuando algo desagradable que nos incomodaba llega a su fin.

Amor
afecto y cariño que sentimos hacia otra persona y nos lleva a desear su bienestar y felicidad.

Asco
sensación de desagrado que se produce ante alguien o algo que se considera repugnante y nos empuja a rechazarlo. El asco puede ser muy útil para mantenernos alejados de situaciones que pueden poner en peligro nuestra salud.

Asombro
sensación que se da cuando nos sentimos maravillados ante un acontecimiento que no creíamos posible.

Compasión
sensación de pena y tristeza al saber de la desgracia de otra persona. Puede despertar en nosotros el deseo de ayudarla, aliviar su dolor o evitar su sufrimiento.

Confusión

sensación de incomprensión ante una situación inesperada o incapacidad para pensar de manera clara. Puede venir acompañada de desorientación.

Culpa

responsabilidad con connotación negativa que se atribuye tras haber hecho algo que ha tenido consecuencias negativas o ha ido en contra de los propios valores.

Decepción

dolor emocional asociado al desengaño de ver que algo no es como se esperaba. También sucede cuando perdemos las esperanzas de que suceda algo que vivíamos con ilusión.

Desaliento

falta de fuerzas y energía para continuar hacia delante.

Desamparo

sensación de desprotección y de no contar con el apoyo que se necesita.

Envidia

rabia y dolor que se experimenta al ver que otra persona tiene lo que uno desea para sí mismo.

Felicidad

estado de plenitud, satisfacción y disfrute del momento.

Frustración

mezcla de tristeza y enfado que sentimos cuando no se cumplen nuestras expectativas.

Inseguridad

sensación de no estar a salvo o falta de confianza para afrontar una situación.

Ilusión

alegría y esperanza que nace de estar a punto de realizar algo que se desea con intensidad.

Incomprensión

sensación resultante de no entender lo que está sucediendo, de considerar inexplicable, injusto o incoherente un hecho, una persona, un sentimiento, etcétera.

Ira
estado emocional de enfado intenso que suele surgir cuando presenciamos injusticias o conflictos.

Irritación
sensación de molestia más o menos intensa derivada de la exposición a un estímulo que nos resulta estresante o a estrés generalizado. Nos puede hacer sentir que estamos a punto de «explotar».

Melancolía
nostalgia agravada que surge por el recuerdo de una época, persona o estado que forma parte del pasado.

Miedo
sensación de angustia que surge cuando percibimos un peligro (real o imaginario). El miedo es una alarma que nos indica que debemos protegernos.

Nostalgia
vacío y pena por la ausencia de algo o alguien que se añora.

Odio
sentimiento de intenso rechazo que sentimos hacia un objeto, situación o persona y que nos lleva a desearle el mal.

Remordimiento
culpabilidad que se siente tras haber hecho algo en contra de los propios valores y ética. El remordimiento acaba despertando el sentimiento de culpa.

Satisfacción
bienestar que se obtiene por haber saciado un deseo o cubierto una necesidad.

Serenidad
sensación de paz y tranquilidad.

Soledad
sentimiento que suele ir asociado a la tristeza a causa de la ausencia de la compañía que se requiere.

Sorpresa

emoción causada por el acontecimiento de algo inesperado. Puede ser agradable o desagradable.

Tensión

sensación de nerviosismo e incomodidad.

Ternura

sentimiento que surge ante objetos, situaciones o personas que nos incitan a darles amor o cariño debido a su fragilidad, dulzura o delicadeza.

Tristeza

sentimiento de dolor a nivel emocional. Se caracteriza por un estado de ánimo bajo, generalmente tras un acontecimiento desfavorable.

Vergüenza

sentimiento de incomodidad causado a raíz de sentir que se ha hecho el ridículo. También se puede sentir vergüenza por los actos de otra persona, llamada «vergüenza ajena».

PROPÓSITOS PARA ESTE AÑO

PROPÓSITOS A CORTO PLAZO

Propósito

¿A qué te acerca este propósito?

PROPÓSITOS A LARGO PLAZO

Presta atención a si tus propósitos actuales
te acercan a cumplir tus propósitos a largo plazo.

Propósito

¿Qué me acerca a este propósito?

LISTA DE COSAS QUE TE HACEN FELIZ

Recurre a ella cuando lo necesites
y trabaja en ampliarla.

1.
2.
3.
4.
5.
6.
7.
8.
9.
10.

LECTURAS

Elabora una lista de los libros
que has leído y añade también
los que tienes pendientes de leer.

Libros leídos	Fecha inicio / Fecha finalización	Nota
		☆☆☆☆☆
		☆☆☆☆☆
		☆☆☆☆☆
		☆☆☆☆☆
		☆☆☆☆☆
		☆☆☆☆☆
		☆☆☆☆☆
		☆☆☆☆☆
		☆☆☆☆☆
		☆☆☆☆☆
		☆☆☆☆☆
		☆☆☆☆☆
		☆☆☆☆☆

LISTA DE PELÍCULAS Y SERIES

Haz una lista de las películas y series que has visto y pon una valoración a cada una.

Películas y series	**Nota**
	☆☆☆☆☆
	☆☆☆☆☆
	☆☆☆☆☆
	☆☆☆☆☆
	☆☆☆☆☆
	☆☆☆☆☆
	☆☆☆☆☆
	☆☆☆☆☆
	☆☆☆☆☆
	☆☆☆☆☆
	☆☆☆☆☆
	☆☆☆☆☆
	☆☆☆☆☆
	☆☆☆☆☆
	☆☆☆☆☆
	☆☆☆☆☆
	☆☆☆☆☆
	☆☆☆☆☆

MES
1

CALENDARIO EMOCIONAL

	SEMANA 1	SEMANA 2	SEMANA 3	SEMANA 4	SEMANA 5
LUNES					
MARTES					
MIÉRCOLES					
JUEVES					
VIERNES					
SÁBADO					
DOMINGO					

LUNES

Menciona algo bonito que hayas presenciado hoy.

¿Con qué emociones has conectado hoy? Puedes recurrir al emocionario.

¿Alguien importante en tu vida tiene hoy algo por lo que deberías preguntarle?

MARTES

Menciona algo bonito que hayas presenciado hoy.

¿Con qué emociones has conectado hoy? Puedes recurrir al emocionario.

¿Alguien importante en tu vida tiene hoy algo por lo que deberías preguntarle?

MIÉRCOLES

Menciona algo bonito que hayas presenciado hoy.

¿Con qué emociones has conectado hoy? Puedes recurrir al emocionario.

¿Alguien importante en tu vida tiene hoy algo por lo que deberías preguntarle?

JUEVES

Menciona algo bonito que hayas presenciado hoy.

¿Con qué emociones has conectado hoy? Puedes recurrir al emocionario.

¿Alguien importante en tu vida tiene hoy algo por lo que deberías preguntarle?

VIERNES

Menciona algo bonito que hayas presenciado hoy.

¿Con qué emociones has conectado hoy? Puedes recurrir al emocionario.

¿Alguien importante en tu vida tiene hoy algo por lo que deberías preguntarle?

SÁBADO

Menciona algo bonito que hayas presenciado hoy.

¿Con qué emociones has conectado hoy? Puedes recurrir al emocionario.

¿Alguien importante en tu vida tiene hoy algo por lo que deberías preguntarle?

DOMINGO

Menciona algo bonito que hayas presenciado hoy.

¿Con qué emociones has conectado hoy? Puedes recurrir al emocionario.

¿Alguien importante en tu vida tiene hoy algo por lo que deberías preguntarle?

GRATITUD

Escribe 3 cosas por las que estés agradecida y tómate unos minutos para conectar con la sensación de ser afortunada por ellas.

1.
2.
3.

MI APRENDIZAJE

Si tu semana tuviera que tener una conclusión, ¿cuál sería?

LUNES

Menciona algo bonito que hayas presenciado hoy.

¿Con qué emociones has conectado hoy? Puedes recurrir al emocionario.

¿Alguien importante en tu vida tiene hoy algo por lo que deberías preguntarle?

MARTES

Menciona algo bonito que hayas presenciado hoy.

¿Con qué emociones has conectado hoy? Puedes recurrir al emocionario.

¿Alguien importante en tu vida tiene hoy algo por lo que deberías preguntarle?

MIÉRCOLES

Menciona algo bonito que hayas presenciado hoy.

¿Con qué emociones has conectado hoy? Puedes recurrir al emocionario.

¿Alguien importante en tu vida tiene hoy algo por lo que deberías preguntarle?

JUEVES

Menciona algo bonito que hayas presenciado hoy.

¿Con qué emociones has conectado hoy? Puedes recurrir al emocionario.

¿Alguien importante en tu vida tiene hoy algo por lo que deberías preguntarle?

VIERNES

Menciona algo bonito que hayas presenciado hoy.

¿Con qué emociones has conectado hoy? Puedes recurrir al emocionario.

¿Alguien importante en tu vida tiene hoy algo por lo que deberías preguntarle?

SÁBADO

Menciona algo bonito que hayas presenciado hoy.

¿Con qué emociones has conectado hoy? Puedes recurrir al emocionario.

¿Alguien importante en tu vida tiene hoy algo por lo que deberías preguntarle?

DOMINGO

Menciona algo bonito que hayas presenciado hoy.

¿Con qué emociones has conectado hoy? Puedes recurrir al emocionario.

¿Alguien importante en tu vida tiene hoy algo por lo que deberías preguntarle?

GRATITUD

Escribe 3 cosas por las que estés agradecida y tómate unos minutos para conectar con la sensación de ser afortunada por ellas.

1.
2.
3.

MI APRENDIZAJE

Si tu semana tuviera que tener una conclusión, ¿cuál sería?

LUNES

Menciona algo bonito que hayas presenciado hoy.

¿Con qué emociones has conectado hoy? Puedes recurrir al emocionario.

¿Alguien importante en tu vida tiene hoy algo por lo que deberías preguntarle?

MARTES

Menciona algo bonito que hayas presenciado hoy.

¿Con qué emociones has conectado hoy? Puedes recurrir al emocionario.

¿Alguien importante en tu vida tiene hoy algo por lo que deberías preguntarle?

MIÉRCOLES

Menciona algo bonito que hayas presenciado hoy.

¿Con qué emociones has conectado hoy? Puedes recurrir al emocionario.

¿Alguien importante en tu vida tiene hoy algo por lo que deberías preguntarle?

JUEVES

Menciona algo bonito que hayas presenciado hoy.

¿Con qué emociones has conectado hoy? Puedes recurrir al emocionario.

¿Alguien importante en tu vida tiene hoy algo por lo que deberías preguntarle?

VIERNES

Menciona algo bonito que hayas presenciado hoy.

¿Con qué emociones has conectado hoy? Puedes recurrir al emocionario.

¿Alguien importante en tu vida tiene hoy algo por lo que deberías preguntarle?

SÁBADO

Menciona algo bonito que hayas presenciado hoy.

¿Con qué emociones has conectado hoy? Puedes recurrir al emocionario.

¿Alguien importante en tu vida tiene hoy algo por lo que deberías preguntarle?

DOMINGO

Menciona algo bonito que hayas presenciado hoy.

¿Con qué emociones has conectado hoy? Puedes recurrir al emocionario.

¿Alguien importante en tu vida tiene hoy algo por lo que deberías preguntarle?

GRATITUD

Escribe 3 cosas por las que estés agradecida y tómate unos minutos para conectar con la sensación de ser afortunada por ellas.

1.
2.
3.

MI APRENDIZAJE

Si tu semana tuviera que tener una conclusión, ¿cuál sería?

LUNES

Menciona algo bonito que hayas presenciado hoy.

¿Con qué emociones has conectado hoy? Puedes recurrir al emocionario.

¿Alguien importante en tu vida tiene hoy algo por lo que deberías preguntarle?

MARTES

Menciona algo bonito que hayas presenciado hoy.

¿Con qué emociones has conectado hoy? Puedes recurrir al emocionario.

¿Alguien importante en tu vida tiene hoy algo por lo que deberías preguntarle?

MIÉRCOLES

Menciona algo bonito que hayas presenciado hoy.

¿Con qué emociones has conectado hoy? Puedes recurrir al emocionario.

¿Alguien importante en tu vida tiene hoy algo por lo que deberías preguntarle?

JUEVES

Menciona algo bonito que hayas presenciado hoy.

¿Con qué emociones has conectado hoy? Puedes recurrir al emocionario.

¿Alguien importante en tu vida tiene hoy algo por lo que deberías preguntarle?

VIERNES

Menciona algo bonito que hayas presenciado hoy.

¿Con qué emociones has conectado hoy? Puedes recurrir al emocionario.

¿Alguien importante en tu vida tiene hoy algo por lo que deberías preguntarle?

SÁBADO

Menciona algo bonito que hayas presenciado hoy.

¿Con qué emociones has conectado hoy? Puedes recurrir al emocionario.

¿Alguien importante en tu vida tiene hoy algo por lo que deberías preguntarle?

DOMINGO

Menciona algo bonito que hayas presenciado hoy.

¿Con qué emociones has conectado hoy? Puedes recurrir al emocionario.

¿Alguien importante en tu vida tiene hoy algo por lo que deberías preguntarle?

GRATITUD

Escribe 3 cosas por las que estés agradecida y tómate unos minutos para conectar con la sensación de ser afortunada por ellas.

1. ______

2. ______

3. ______

MI APRENDIZAJE

Si tu semana tuviera que tener una conclusión, ¿cuál sería?

LUNES

Menciona algo bonito que hayas presenciado hoy.

¿Con qué emociones has conectado hoy? Puedes recurrir al emocionario.

¿Alguien importante en tu vida tiene hoy algo por lo que deberías preguntarle?

MARTES

Menciona algo bonito que hayas presenciado hoy.

¿Con qué emociones has conectado hoy? Puedes recurrir al emocionario.

¿Alguien importante en tu vida tiene hoy algo por lo que deberías preguntarle?

MIÉRCOLES

Menciona algo bonito que hayas presenciado hoy.

¿Con qué emociones has conectado hoy? Puedes recurrir al emocionario.

¿Alguien importante en tu vida tiene hoy algo por lo que deberías preguntarle?

JUEVES

Menciona algo bonito que hayas presenciado hoy.

¿Con qué emociones has conectado hoy? Puedes recurrir al emocionario.

¿Alguien importante en tu vida tiene hoy algo por lo que deberías preguntarle?

VIERNES

Menciona algo bonito que hayas presenciado hoy.

¿Con qué emociones has conectado hoy? Puedes recurrir al emocionario.

¿Alguien importante en tu vida tiene hoy algo por lo que deberías preguntarle?

SÁBADO

Menciona algo bonito que hayas presenciado hoy.

¿Con qué emociones has conectado hoy? Puedes recurrir al emocionario.

¿Alguien importante en tu vida tiene hoy algo por lo que deberías preguntarle?

DOMINGO

Menciona algo bonito que hayas presenciado hoy.

¿Con qué emociones has conectado hoy? Puedes recurrir al emocionario.

¿Alguien importante en tu vida tiene hoy algo por lo que deberías preguntarle?

GRATITUD

Escribe 3 cosas por las que estés agradecida y tómate unos minutos para conectar con la sensación de ser afortunada por ellas.

1.

2.

3.

MI APRENDIZAJE

Si tu semana tuviera que tener una conclusión, ¿cuál sería?

MES
2

CALENDARIO EMOCIONAL

	SEMANA 1	SEMANA 2	SEMANA 3	SEMANA 4	SEMANA 5
LUNES					
MARTES					
MIÉRCOLES					
JUEVES					
VIERNES					
SÁBADO					
DOMINGO					

LUNES

Menciona algo bonito que hayas presenciado hoy.

¿Con qué emociones has conectado hoy? Puedes recurrir al emocionario.

¿Alguien importante en tu vida tiene hoy algo por lo que deberías preguntarle?

MARTES

Menciona algo bonito que hayas presenciado hoy.

¿Con qué emociones has conectado hoy? Puedes recurrir al emocionario.

¿Alguien importante en tu vida tiene hoy algo por lo que deberías preguntarle?

MIÉRCOLES

Menciona algo bonito que hayas presenciado hoy.

¿Con qué emociones has conectado hoy? Puedes recurrir al emocionario.

¿Alguien importante en tu vida tiene hoy algo por lo que deberías preguntarle?

JUEVES

Menciona algo bonito que hayas presenciado hoy.

¿Con qué emociones has conectado hoy? Puedes recurrir al emocionario.

¿Alguien importante en tu vida tiene hoy algo por lo que deberías preguntarle?

VIERNES

Menciona algo bonito que hayas presenciado hoy.

¿Con qué emociones has conectado hoy? Puedes recurrir al emocionario.

¿Alguien importante en tu vida tiene hoy algo por lo que deberías preguntarle?

SÁBADO

Menciona algo bonito que hayas presenciado hoy.

¿Con qué emociones has conectado hoy? Puedes recurrir al emocionario.

¿Alguien importante en tu vida tiene hoy algo por lo que deberías preguntarle?

DOMINGO

Menciona algo bonito que hayas presenciado hoy.

¿Con qué emociones has conectado hoy? Puedes recurrir al emocionario.

¿Alguien importante en tu vida tiene hoy algo por lo que deberías preguntarle?

GRATITUD

Escribe 3 cosas por las que estés agradecida y tómate unos minutos para conectar con la sensación de ser afortunada por ellas.

1.

2.

3.

MI APRENDIZAJE

Si tu semana tuviera que tener una conclusión, ¿cuál sería?

LUNES

Menciona algo bonito que hayas presenciado hoy.

¿Con qué emociones has conectado hoy? Puedes recurrir al emocionario.

¿Alguien importante en tu vida tiene hoy algo por lo que deberías preguntarle?

MARTES

Menciona algo bonito que hayas presenciado hoy.

¿Con qué emociones has conectado hoy? Puedes recurrir al emocionario.

¿Alguien importante en tu vida tiene hoy algo por lo que deberías preguntarle?

MIÉRCOLES

Menciona algo bonito que hayas presenciado hoy.

¿Con qué emociones has conectado hoy? Puedes recurrir al emocionario.

¿Alguien importante en tu vida tiene hoy algo por lo que deberías preguntarle?

JUEVES

Menciona algo bonito que hayas presenciado hoy.

¿Con qué emociones has conectado hoy? Puedes recurrir al emocionario.

¿Alguien importante en tu vida tiene hoy algo por lo que deberías preguntarle?

VIERNES

Menciona algo bonito que hayas presenciado hoy.

¿Con qué emociones has conectado hoy? Puedes recurrir al emocionario.

¿Alguien importante en tu vida tiene hoy algo por lo que deberías preguntarle?

SÁBADO

Menciona algo bonito que hayas presenciado hoy.

¿Con qué emociones has conectado hoy? Puedes recurrir al emocionario.

¿Alguien importante en tu vida tiene hoy algo por lo que deberías preguntarle?

DOMINGO

Menciona algo bonito que hayas presenciado hoy.

¿Con qué emociones has conectado hoy? Puedes recurrir al emocionario.

¿Alguien importante en tu vida tiene hoy algo por lo que deberías preguntarle?

GRATITUD

Escribe 3 cosas por las que estés agradecida y tómate unos minutos para conectar con la sensación de ser afortunada por ellas.

1.
2.
3.

MI APRENDIZAJE

Si tu semana tuviera que tener una conclusión, ¿cuál sería?

LUNES

Menciona algo bonito que hayas presenciado hoy.

¿Con qué emociones has conectado hoy? Puedes recurrir al emocionario.

¿Alguien importante en tu vida tiene hoy algo por lo que deberías preguntarle?

MARTES

Menciona algo bonito que hayas presenciado hoy.

¿Con qué emociones has conectado hoy? Puedes recurrir al emocionario.

¿Alguien importante en tu vida tiene hoy algo por lo que deberías preguntarle?

MIÉRCOLES

Menciona algo bonito que hayas presenciado hoy.

¿Con qué emociones has conectado hoy? Puedes recurrir al emocionario.

¿Alguien importante en tu vida tiene hoy algo por lo que deberías preguntarle?

JUEVES

Menciona algo bonito que hayas presenciado hoy.

¿Con qué emociones has conectado hoy? Puedes recurrir al emocionario.

¿Alguien importante en tu vida tiene hoy algo por lo que deberías preguntarle?

VIERNES

Menciona algo bonito que hayas presenciado hoy.

¿Con qué emociones has conectado hoy? Puedes recurrir al emocionario.

¿Alguien importante en tu vida tiene hoy algo por lo que deberías preguntarle?

SÁBADO

Menciona algo bonito que hayas presenciado hoy.

¿Con qué emociones has conectado hoy? Puedes recurrir al emocionario.

¿Alguien importante en tu vida tiene hoy algo por lo que deberías preguntarle?

DOMINGO

Menciona algo bonito que hayas presenciado hoy.

¿Con qué emociones has conectado hoy? Puedes recurrir al emocionario.

¿Alguien importante en tu vida tiene hoy algo por lo que deberías preguntarle?

GRATITUD

Escribe 3 cosas por las que estés agradecida y tómate unos minutos para conectar con la sensación de ser afortunada por ellas.

1.

2.

3.

MI APRENDIZAJE

Si tu semana tuviera que tener una conclusión, ¿cuál sería?

LUNES

Menciona algo bonito que hayas presenciado hoy.

¿Con qué emociones has conectado hoy? Puedes recurrir al emocionario.

¿Alguien importante en tu vida tiene hoy algo por lo que deberías preguntarle?

MARTES

Menciona algo bonito que hayas presenciado hoy.

¿Con qué emociones has conectado hoy? Puedes recurrir al emocionario.

¿Alguien importante en tu vida tiene hoy algo por lo que deberías preguntarle?

MIÉRCOLES

Menciona algo bonito que hayas presenciado hoy.

¿Con qué emociones has conectado hoy? Puedes recurrir al emocionario.

¿Alguien importante en tu vida tiene hoy algo por lo que deberías preguntarle?

JUEVES

Menciona algo bonito que hayas presenciado hoy.

¿Con qué emociones has conectado hoy? Puedes recurrir al emocionario.

¿Alguien importante en tu vida tiene hoy algo por lo que deberías preguntarle?

VIERNES

Menciona algo bonito que hayas presenciado hoy.

¿Con qué emociones has conectado hoy? Puedes recurrir al emocionario.

¿Alguien importante en tu vida tiene hoy algo por lo que deberías preguntarle?

SÁBADO

Menciona algo bonito que hayas presenciado hoy.

¿Con qué emociones has conectado hoy? Puedes recurrir al emocionario.

¿Alguien importante en tu vida tiene hoy algo por lo que deberías preguntarle?

DOMINGO

Menciona algo bonito que hayas presenciado hoy.

¿Con qué emociones has conectado hoy? Puedes recurrir al emocionario.

¿Alguien importante en tu vida tiene hoy algo por lo que deberías preguntarle?

GRATITUD

Escribe 3 cosas por las que estés agradecida y tómate unos minutos para conectar con la sensación de ser afortunada por ellas.

1.
2.
3.

MI APRENDIZAJE

Si tu semana tuviera que tener una conclusión, ¿cuál sería?

LUNES

Menciona algo bonito que hayas presenciado hoy.

¿Con qué emociones has conectado hoy? Puedes recurrir al emocionario.

¿Alguien importante en tu vida tiene hoy algo por lo que deberías preguntarle?

MARTES

Menciona algo bonito que hayas presenciado hoy.

¿Con qué emociones has conectado hoy? Puedes recurrir al emocionario.

¿Alguien importante en tu vida tiene hoy algo por lo que deberías preguntarle?

MIÉRCOLES

Menciona algo bonito que hayas presenciado hoy.

¿Con qué emociones has conectado hoy? Puedes recurrir al emocionario.

¿Alguien importante en tu vida tiene hoy algo por lo que deberías preguntarle?

JUEVES

Menciona algo bonito que hayas presenciado hoy.

¿Con qué emociones has conectado hoy? Puedes recurrir al emocionario.

¿Alguien importante en tu vida tiene hoy algo por lo que deberías preguntarle?

VIERNES

Menciona algo bonito que hayas presenciado hoy.

¿Con qué emociones has conectado hoy? Puedes recurrir al emocionario.

¿Alguien importante en tu vida tiene hoy algo por lo que deberías preguntarle?

SÁBADO

Menciona algo bonito que hayas presenciado hoy.

¿Con qué emociones has conectado hoy? Puedes recurrir al emocionario.

¿Alguien importante en tu vida tiene hoy algo por lo que deberías preguntarle?

DOMINGO

Menciona algo bonito que hayas presenciado hoy.

¿Con qué emociones has conectado hoy? Puedes recurrir al emocionario.

¿Alguien importante en tu vida tiene hoy algo por lo que deberías preguntarle?

GRATITUD

Escribe 3 cosas por las que estés agradecida y tómate unos minutos para conectar con la sensación de ser afortunada por ellas.

1.
2.
3.

MI APRENDIZAJE

Si tu semana tuviera que tener una conclusión, ¿cuál sería?

MES
3

CALENDARIO EMOCIONAL

	SEMANA 1	SEMANA 2	SEMANA 3	SEMANA 4	SEMANA 5
LUNES					
MARTES					
MIÉRCOLES					
JUEVES					
VIERNES					
SÁBADO					
DOMINGO					

LUNES

Menciona algo bonito que hayas presenciado hoy.

¿Con qué emociones has conectado hoy? Puedes recurrir al emocionario.

¿Alguien importante en tu vida tiene hoy algo por lo que deberías preguntarle?

MARTES

Menciona algo bonito que hayas presenciado hoy.

¿Con qué emociones has conectado hoy? Puedes recurrir al emocionario.

¿Alguien importante en tu vida tiene hoy algo por lo que deberías preguntarle?

MIÉRCOLES

Menciona algo bonito que hayas presenciado hoy.

¿Con qué emociones has conectado hoy? Puedes recurrir al emocionario.

¿Alguien importante en tu vida tiene hoy algo por lo que deberías preguntarle?

JUEVES

Menciona algo bonito que hayas presenciado hoy.

¿Con qué emociones has conectado hoy? Puedes recurrir al emocionario.

¿Alguien importante en tu vida tiene hoy algo por lo que deberías preguntarle?

VIERNES

Menciona algo bonito que hayas presenciado hoy.

¿Con qué emociones has conectado hoy? Puedes recurrir al emocionario.

¿Alguien importante en tu vida tiene hoy algo por lo que deberías preguntarle?

SÁBADO

Menciona algo bonito que hayas presenciado hoy.

¿Con qué emociones has conectado hoy? Puedes recurrir al emocionario.

¿Alguien importante en tu vida tiene hoy algo por lo que deberías preguntarle?

DOMINGO

Menciona algo bonito que hayas presenciado hoy.

¿Con qué emociones has conectado hoy? Puedes recurrir al emocionario.

¿Alguien importante en tu vida tiene hoy algo por lo que deberías preguntarle?

GRATITUD

Escribe 3 cosas por las que estés agradecida y tómate unos minutos para conectar con la sensación de ser afortunada por ellas.

1. ______

2. ______

3. ______

MI APRENDIZAJE

Si tu semana tuviera que tener una conclusión, ¿cuál sería?

LUNES

Menciona algo bonito que hayas presenciado hoy.

¿Con qué emociones has conectado hoy? Puedes recurrir al emocionario.

¿Alguien importante en tu vida tiene hoy algo por lo que deberías preguntarle?

MARTES

Menciona algo bonito que hayas presenciado hoy.

¿Con qué emociones has conectado hoy? Puedes recurrir al emocionario.

¿Alguien importante en tu vida tiene hoy algo por lo que deberías preguntarle?

MIÉRCOLES

Menciona algo bonito que hayas presenciado hoy.

¿Con qué emociones has conectado hoy? Puedes recurrir al emocionario.

¿Alguien importante en tu vida tiene hoy algo por lo que deberías preguntarle?

JUEVES

Menciona algo bonito que hayas presenciado hoy.

¿Con qué emociones has conectado hoy? Puedes recurrir al emocionario.

¿Alguien importante en tu vida tiene hoy algo por lo que deberías preguntarle?

VIERNES

Menciona algo bonito que hayas presenciado hoy.

¿Con qué emociones has conectado hoy? Puedes recurrir al emocionario.

¿Alguien importante en tu vida tiene hoy algo por lo que deberías preguntarle?

SÁBADO

Menciona algo bonito que hayas presenciado hoy.

¿Con qué emociones has conectado hoy? Puedes recurrir al emocionario.

¿Alguien importante en tu vida tiene hoy algo por lo que deberías preguntarle?

DOMINGO

Menciona algo bonito que hayas presenciado hoy.

¿Con qué emociones has conectado hoy? Puedes recurrir al emocionario.

¿Alguien importante en tu vida tiene hoy algo por lo que deberías preguntarle?

GRATITUD

Escribe 3 cosas por las que estés agradecida y tómate unos minutos para conectar con la sensación de ser afortunada por ellas.

1.
2.
3.

MI APRENDIZAJE

Si tu semana tuviera que tener una conclusión, ¿cuál sería?

LUNES

Menciona algo bonito que hayas presenciado hoy.

¿Con qué emociones has conectado hoy? Puedes recurrir al emocionario.

¿Alguien importante en tu vida tiene hoy algo por lo que deberías preguntarle?

MARTES

Menciona algo bonito que hayas presenciado hoy.

¿Con qué emociones has conectado hoy? Puedes recurrir al emocionario.

¿Alguien importante en tu vida tiene hoy algo por lo que deberías preguntarle?

MIÉRCOLES

Menciona algo bonito que hayas presenciado hoy.

¿Con qué emociones has conectado hoy? Puedes recurrir al emocionario.

¿Alguien importante en tu vida tiene hoy algo por lo que deberías preguntarle?

JUEVES

Menciona algo bonito que hayas presenciado hoy.

¿Con qué emociones has conectado hoy? Puedes recurrir al emocionario.

¿Alguien importante en tu vida tiene hoy algo por lo que deberías preguntarle?

VIERNES

Menciona algo bonito que hayas presenciado hoy.

¿Con qué emociones has conectado hoy? Puedes recurrir al emocionario.

¿Alguien importante en tu vida tiene hoy algo por lo que deberías preguntarle?

SÁBADO

Menciona algo bonito que hayas presenciado hoy.

¿Con qué emociones has conectado hoy? Puedes recurrir al emocionario.

¿Alguien importante en tu vida tiene hoy algo por lo que deberías preguntarle?

DOMINGO

Menciona algo bonito que hayas presenciado hoy.

¿Con qué emociones has conectado hoy? Puedes recurrir al emocionario.

¿Alguien importante en tu vida tiene hoy algo por lo que deberías preguntarle?

GRATITUD

Escribe 3 cosas por las que estés agradecida y tómate
unos minutos para conectar con la sensación
de ser afortunada por ellas.

1. ______

2. ______

3. ______

MI APRENDIZAJE

Si tu semana tuviera que tener una conclusión, ¿cuál sería?

LUNES

Menciona algo bonito que hayas presenciado hoy.

¿Con qué emociones has conectado hoy? Puedes recurrir al emocionario.

¿Alguien importante en tu vida tiene hoy algo por lo que deberías preguntarle?

MARTES

Menciona algo bonito que hayas presenciado hoy.

¿Con qué emociones has conectado hoy? Puedes recurrir al emocionario.

¿Alguien importante en tu vida tiene hoy algo por lo que deberías preguntarle?

MIÉRCOLES

Menciona algo bonito que hayas presenciado hoy.

¿Con qué emociones has conectado hoy? Puedes recurrir al emocionario.

¿Alguien importante en tu vida tiene hoy algo por lo que deberías preguntarle?

JUEVES

Menciona algo bonito que hayas presenciado hoy.

¿Con qué emociones has conectado hoy? Puedes recurrir al emocionario.

¿Alguien importante en tu vida tiene hoy algo por lo que deberías preguntarle?

VIERNES

Menciona algo bonito que hayas presenciado hoy.

¿Con qué emociones has conectado hoy? Puedes recurrir al emocionario.

¿Alguien importante en tu vida tiene hoy algo por lo que deberías preguntarle?

SÁBADO

Menciona algo bonito que hayas presenciado hoy.

¿Con qué emociones has conectado hoy? Puedes recurrir al emocionario.

¿Alguien importante en tu vida tiene hoy algo por lo que deberías preguntarle?

DOMINGO

Menciona algo bonito que hayas presenciado hoy.

¿Con qué emociones has conectado hoy? Puedes recurrir al emocionario.

¿Alguien importante en tu vida tiene hoy algo por lo que deberías preguntarle?

GRATITUD

Escribe 3 cosas por las que estés agradecida y tómate unos minutos para conectar con la sensación de ser afortunada por ellas.

1.
2.
3.

MI APRENDIZAJE

Si tu semana tuviera que tener una conclusión, ¿cuál sería?

LUNES

Menciona algo bonito que hayas presenciado hoy.

¿Con qué emociones has conectado hoy? Puedes recurrir al emocionario.

¿Alguien importante en tu vida tiene hoy algo por lo que deberías preguntarle?

MARTES

Menciona algo bonito que hayas presenciado hoy.

¿Con qué emociones has conectado hoy? Puedes recurrir al emocionario.

¿Alguien importante en tu vida tiene hoy algo por lo que deberías preguntarle?

MIÉRCOLES

Menciona algo bonito que hayas presenciado hoy.

¿Con qué emociones has conectado hoy? Puedes recurrir al emocionario.

¿Alguien importante en tu vida tiene hoy algo por lo que deberías preguntarle?

JUEVES

Menciona algo bonito que hayas presenciado hoy.

¿Con qué emociones has conectado hoy? Puedes recurrir al emocionario.

¿Alguien importante en tu vida tiene hoy algo por lo que deberías preguntarle?

VIERNES

Menciona algo bonito que hayas presenciado hoy.

¿Con qué emociones has conectado hoy? Puedes recurrir al emocionario.

¿Alguien importante en tu vida tiene hoy algo por lo que deberías preguntarle?

SÁBADO

Menciona algo bonito que hayas presenciado hoy.

¿Con qué emociones has conectado hoy? Puedes recurrir al emocionario.

¿Alguien importante en tu vida tiene hoy algo por lo que deberías preguntarle?

DOMINGO

Menciona algo bonito que hayas presenciado hoy.

¿Con qué emociones has conectado hoy? Puedes recurrir al emocionario.

¿Alguien importante en tu vida tiene hoy algo por lo que deberías preguntarle?

GRATITUD

Escribe 3 cosas por las que estés agradecida y tómate unos minutos para conectar con la sensación de ser afortunada por ellas.

1.
2.
3.

MI APRENDIZAJE

Si tu semana tuviera que tener una conclusión, ¿cuál sería?

MES

4

CALENDARIO EMOCIONAL

	SEMANA 1	SEMANA 2	SEMANA 3	SEMANA 4	SEMANA 5
LUNES					
MARTES					
MIÉRCOLES					
JUEVES					
VIERNES					
SÁBADO					
DOMINGO					

LUNES

Menciona algo bonito que hayas presenciado hoy.

¿Con qué emociones has conectado hoy? Puedes recurrir al emocionario.

¿Alguien importante en tu vida tiene hoy algo por lo que deberías preguntarle?

MARTES

Menciona algo bonito que hayas presenciado hoy.

¿Con qué emociones has conectado hoy? Puedes recurrir al emocionario.

¿Alguien importante en tu vida tiene hoy algo por lo que deberías preguntarle?

MIÉRCOLES

Menciona algo bonito que hayas presenciado hoy.

¿Con qué emociones has conectado hoy? Puedes recurrir al emocionario.

¿Alguien importante en tu vida tiene hoy algo por lo que deberías preguntarle?

JUEVES

Menciona algo bonito que hayas presenciado hoy.

¿Con qué emociones has conectado hoy? Puedes recurrir al emocionario.

¿Alguien importante en tu vida tiene hoy algo por lo que deberías preguntarle?

VIERNES

Menciona algo bonito que hayas presenciado hoy.

¿Con qué emociones has conectado hoy? Puedes recurrir al emocionario.

¿Alguien importante en tu vida tiene hoy algo por lo que deberías preguntarle?

SÁBADO

Menciona algo bonito que hayas presenciado hoy.

¿Con qué emociones has conectado hoy? Puedes recurrir al emocionario.

¿Alguien importante en tu vida tiene hoy algo por lo que deberías preguntarle?

DOMINGO

Menciona algo bonito que hayas presenciado hoy.

¿Con qué emociones has conectado hoy? Puedes recurrir al emocionario.

¿Alguien importante en tu vida tiene hoy algo por lo que deberías preguntarle?

GRATITUD

Escribe 3 cosas por las que estés agradecida y tómate unos minutos para conectar con la sensación de ser afortunada por ellas.

1.
2.
3.

MI APRENDIZAJE

Si tu semana tuviera que tener una conclusión, ¿cuál sería?

LUNES

Menciona algo bonito que hayas presenciado hoy.

¿Con qué emociones has conectado hoy? Puedes recurrir al emocionario.

¿Alguien importante en tu vida tiene hoy algo por lo que deberías preguntarle?

MARTES

Menciona algo bonito que hayas presenciado hoy.

¿Con qué emociones has conectado hoy? Puedes recurrir al emocionario.

¿Alguien importante en tu vida tiene hoy algo por lo que deberías preguntarle?

MIÉRCOLES

Menciona algo bonito que hayas presenciado hoy.

¿Con qué emociones has conectado hoy? Puedes recurrir al emocionario.

¿Alguien importante en tu vida tiene hoy algo por lo que deberías preguntarle?

JUEVES

Menciona algo bonito que hayas presenciado hoy.

¿Con qué emociones has conectado hoy? Puedes recurrir al emocionario.

¿Alguien importante en tu vida tiene hoy algo por lo que deberías preguntarle?

VIERNES

Menciona algo bonito que hayas presenciado hoy.

¿Con qué emociones has conectado hoy? Puedes recurrir al emocionario.

¿Alguien importante en tu vida tiene hoy algo por lo que deberías preguntarle?

SÁBADO

Menciona algo bonito que hayas presenciado hoy.

¿Con qué emociones has conectado hoy? Puedes recurrir al emocionario.

¿Alguien importante en tu vida tiene hoy algo por lo que deberías preguntarle?

DOMINGO

Menciona algo bonito que hayas presenciado hoy.

¿Con qué emociones has conectado hoy? Puedes recurrir al emocionario.

¿Alguien importante en tu vida tiene hoy algo por lo que deberías preguntarle?

GRATITUD

Escribe 3 cosas por las que estés agradecida y tómate unos minutos para conectar con la sensación de ser afortunada por ellas.

1.
2.
3.

MI APRENDIZAJE

Si tu semana tuviera que tener una conclusión, ¿cuál sería?

LUNES

Menciona algo bonito que hayas presenciado hoy.

¿Con qué emociones has conectado hoy? Puedes recurrir al emocionario.

¿Alguien importante en tu vida tiene hoy algo por lo que deberías preguntarle?

MARTES

Menciona algo bonito que hayas presenciado hoy.

¿Con qué emociones has conectado hoy? Puedes recurrir al emocionario.

¿Alguien importante en tu vida tiene hoy algo por lo que deberías preguntarle?

MIÉRCOLES

Menciona algo bonito que hayas presenciado hoy.

¿Con qué emociones has conectado hoy? Puedes recurrir al emocionario.

¿Alguien importante en tu vida tiene hoy algo por lo que deberías preguntarle?

JUEVES

Menciona algo bonito que hayas presenciado hoy.

¿Con qué emociones has conectado hoy? Puedes recurrir al emocionario.

¿Alguien importante en tu vida tiene hoy algo por lo que deberías preguntarle?

VIERNES

Menciona algo bonito que hayas presenciado hoy.

¿Con qué emociones has conectado hoy? Puedes recurrir al emocionario.

¿Alguien importante en tu vida tiene hoy algo por lo que deberías preguntarle?

SÁBADO

Menciona algo bonito que hayas presenciado hoy.

¿Con qué emociones has conectado hoy? Puedes recurrir al emocionario.

¿Alguien importante en tu vida tiene hoy algo por lo que deberías preguntarle?

DOMINGO

Menciona algo bonito que hayas presenciado hoy.

¿Con qué emociones has conectado hoy? Puedes recurrir al emocionario.

¿Alguien importante en tu vida tiene hoy algo por lo que deberías preguntarle?

GRATITUD

Escribe 3 cosas por las que estés agradecida y tómate unos minutos para conectar con la sensación de ser afortunada por ellas.

1.

2.

3.

MI APRENDIZAJE

Si tu semana tuviera que tener una conclusión, ¿cuál sería?

LUNES

Menciona algo bonito que hayas presenciado hoy.

¿Con qué emociones has conectado hoy? Puedes recurrir al emocionario.

¿Alguien importante en tu vida tiene hoy algo por lo que deberías preguntarle?

MARTES

Menciona algo bonito que hayas presenciado hoy.

¿Con qué emociones has conectado hoy? Puedes recurrir al emocionario.

¿Alguien importante en tu vida tiene hoy algo por lo que deberías preguntarle?

MIÉRCOLES

Menciona algo bonito que hayas presenciado hoy.

¿Con qué emociones has conectado hoy? Puedes recurrir al emocionario.

¿Alguien importante en tu vida tiene hoy algo por lo que deberías preguntarle?

JUEVES

Menciona algo bonito que hayas presenciado hoy.

¿Con qué emociones has conectado hoy? Puedes recurrir al emocionario.

¿Alguien importante en tu vida tiene hoy algo por lo que deberías preguntarle?

VIERNES

Menciona algo bonito que hayas presenciado hoy.

¿Con qué emociones has conectado hoy? Puedes recurrir al emocionario.

¿Alguien importante en tu vida tiene hoy algo por lo que deberías preguntarle?

SÁBADO

Menciona algo bonito que hayas presenciado hoy.

¿Con qué emociones has conectado hoy? Puedes recurrir al emocionario.

¿Alguien importante en tu vida tiene hoy algo por lo que deberías preguntarle?

DOMINGO

Menciona algo bonito que hayas presenciado hoy.

¿Con qué emociones has conectado hoy? Puedes recurrir al emocionario.

¿Alguien importante en tu vida tiene hoy algo por lo que deberías preguntarle?

GRATITUD

Escribe 3 cosas por las que estés agradecida y tómate unos minutos para conectar con la sensación de ser afortunada por ellas.

1.
2.
3.

MI APRENDIZAJE

Si tu semana tuviera que tener una conclusión, ¿cuál sería?

LUNES

Menciona algo bonito que hayas presenciado hoy.

¿Con qué emociones has conectado hoy? Puedes recurrir al emocionario.

¿Alguien importante en tu vida tiene hoy algo por lo que deberías preguntarle?

MARTES

Menciona algo bonito que hayas presenciado hoy.

¿Con qué emociones has conectado hoy? Puedes recurrir al emocionario.

¿Alguien importante en tu vida tiene hoy algo por lo que deberías preguntarle?

MIÉRCOLES

Menciona algo bonito que hayas presenciado hoy.

¿Con qué emociones has conectado hoy? Puedes recurrir al emocionario.

¿Alguien importante en tu vida tiene hoy algo por lo que deberías preguntarle?

JUEVES

Menciona algo bonito que hayas presenciado hoy.

¿Con qué emociones has conectado hoy? Puedes recurrir al emocionario.

¿Alguien importante en tu vida tiene hoy algo por lo que deberías preguntarle?

VIERNES

Menciona algo bonito que hayas presenciado hoy.

¿Con qué emociones has conectado hoy? Puedes recurrir al emocionario.

¿Alguien importante en tu vida tiene hoy algo por lo que deberías preguntarle?

SÁBADO

Menciona algo bonito que hayas presenciado hoy.

¿Con qué emociones has conectado hoy? Puedes recurrir al emocionario.

¿Alguien importante en tu vida tiene hoy algo por lo que deberías preguntarle?

DOMINGO

Menciona algo bonito que hayas presenciado hoy.

¿Con qué emociones has conectado hoy? Puedes recurrir al emocionario.

¿Alguien importante en tu vida tiene hoy algo por lo que deberías preguntarle?

GRATITUD

Escribe 3 cosas por las que estés agradecida y tómate unos minutos para conectar con la sensación de ser afortunada por ellas.

1.

2.

3.

MI APRENDIZAJE

Si tu semana tuviera que tener una conclusión, ¿cuál sería?

MES
5

CALENDARIO EMOCIONAL

	SEMANA 1	SEMANA 2	SEMANA 3	SEMANA 4	SEMANA 5
LUNES					
MARTES					
MIÉRCOLES					
JUEVES					
VIERNES					
SÁBADO					
DOMINGO					

LUNES

Menciona algo bonito que hayas presenciado hoy.

¿Con qué emociones has conectado hoy? Puedes recurrir al emocionario.

¿Alguien importante en tu vida tiene hoy algo por lo que deberías preguntarle?

MARTES

Menciona algo bonito que hayas presenciado hoy.

¿Con qué emociones has conectado hoy? Puedes recurrir al emocionario.

¿Alguien importante en tu vida tiene hoy algo por lo que deberías preguntarle?

MIÉRCOLES

Menciona algo bonito que hayas presenciado hoy.

¿Con qué emociones has conectado hoy? Puedes recurrir al emocionario.

¿Alguien importante en tu vida tiene hoy algo por lo que deberías preguntarle?

JUEVES

Menciona algo bonito que hayas presenciado hoy.

¿Con qué emociones has conectado hoy? Puedes recurrir al emocionario.

¿Alguien importante en tu vida tiene hoy algo por lo que deberías preguntarle?

VIERNES

Menciona algo bonito que hayas presenciado hoy.

¿Con qué emociones has conectado hoy? Puedes recurrir al emocionario.

¿Alguien importante en tu vida tiene hoy algo por lo que deberías preguntarle?

SÁBADO

Menciona algo bonito que hayas presenciado hoy.

¿Con qué emociones has conectado hoy? Puedes recurrir al emocionario.

¿Alguien importante en tu vida tiene hoy algo por lo que deberías preguntarle?

DOMINGO

Menciona algo bonito que hayas presenciado hoy.

¿Con qué emociones has conectado hoy? Puedes recurrir al emocionario.

¿Alguien importante en tu vida tiene hoy algo por lo que deberías preguntarle?

GRATITUD

Escribe 3 cosas por las que estés agradecida y tómate unos minutos para conectar con la sensación de ser afortunada por ellas.

1.
2.
3.

MI APRENDIZAJE

Si tu semana tuviera que tener una conclusión, ¿cuál sería?

LUNES

Menciona algo bonito que hayas presenciado hoy.

¿Con qué emociones has conectado hoy? Puedes recurrir al emocionario.

¿Alguien importante en tu vida tiene hoy algo por lo que deberías preguntarle?

MARTES

Menciona algo bonito que hayas presenciado hoy.

¿Con qué emociones has conectado hoy? Puedes recurrir al emocionario.

¿Alguien importante en tu vida tiene hoy algo por lo que deberías preguntarle?

MIÉRCOLES

Menciona algo bonito que hayas presenciado hoy.

¿Con qué emociones has conectado hoy? Puedes recurrir al emocionario.

¿Alguien importante en tu vida tiene hoy algo por lo que deberías preguntarle?

JUEVES

Menciona algo bonito que hayas presenciado hoy.

¿Con qué emociones has conectado hoy? Puedes recurrir al emocionario.

¿Alguien importante en tu vida tiene hoy algo por lo que deberías preguntarle?

VIERNES

Menciona algo bonito que hayas presenciado hoy.

¿Con qué emociones has conectado hoy? Puedes recurrir al emocionario.

¿Alguien importante en tu vida tiene hoy algo por lo que deberías preguntarle?

SÁBADO

Menciona algo bonito que hayas presenciado hoy.

¿Con qué emociones has conectado hoy? Puedes recurrir al emocionario.

¿Alguien importante en tu vida tiene hoy algo por lo que deberías preguntarle?

DOMINGO

Menciona algo bonito que hayas presenciado hoy.

¿Con qué emociones has conectado hoy? Puedes recurrir al emocionario.

¿Alguien importante en tu vida tiene hoy algo por lo que deberías preguntarle?

GRATITUD

Escribe 3 cosas por las que estés agradecida y tómate unos minutos para conectar con la sensación de ser afortunada por ellas.

1.
2.
3.

MI APRENDIZAJE

Si tu semana tuviera que tener una conclusión, ¿cuál sería?

LUNES

Menciona algo bonito que hayas presenciado hoy.

¿Con qué emociones has conectado hoy? Puedes recurrir al emocionario.

¿Alguien importante en tu vida tiene hoy algo por lo que deberías preguntarle?

MARTES

Menciona algo bonito que hayas presenciado hoy.

¿Con qué emociones has conectado hoy? Puedes recurrir al emocionario.

¿Alguien importante en tu vida tiene hoy algo por lo que deberías preguntarle?

MIÉRCOLES

Menciona algo bonito que hayas presenciado hoy.

¿Con qué emociones has conectado hoy? Puedes recurrir al emocionario.

¿Alguien importante en tu vida tiene hoy algo por lo que deberías preguntarle?

JUEVES

Menciona algo bonito que hayas presenciado hoy.

¿Con qué emociones has conectado hoy? Puedes recurrir al emocionario.

¿Alguien importante en tu vida tiene hoy algo por lo que deberías preguntarle?

VIERNES

Menciona algo bonito que hayas presenciado hoy.

¿Con qué emociones has conectado hoy? Puedes recurrir al emocionario.

¿Alguien importante en tu vida tiene hoy algo por lo que deberías preguntarle?

SÁBADO

Menciona algo bonito que hayas presenciado hoy.

¿Con qué emociones has conectado hoy? Puedes recurrir al emocionario.

¿Alguien importante en tu vida tiene hoy algo por lo que deberías preguntarle?

DOMINGO

Menciona algo bonito que hayas presenciado hoy.

¿Con qué emociones has conectado hoy? Puedes recurrir al emocionario.

¿Alguien importante en tu vida tiene hoy algo por lo que deberías preguntarle?

GRATITUD

Escribe 3 cosas por las que estés agradecida y tómate unos minutos para conectar con la sensación de ser afortunada por ellas.

1.
2.
3.

MI APRENDIZAJE

Si tu semana tuviera que tener una conclusión, ¿cuál sería?

LUNES

Menciona algo bonito que hayas presenciado hoy.

¿Con qué emociones has conectado hoy? Puedes recurrir al emocionario.

¿Alguien importante en tu vida tiene hoy algo por lo que deberías preguntarle?

MARTES

Menciona algo bonito que hayas presenciado hoy.

¿Con qué emociones has conectado hoy? Puedes recurrir al emocionario.

¿Alguien importante en tu vida tiene hoy algo por lo que deberías preguntarle?

MIÉRCOLES

Menciona algo bonito que hayas presenciado hoy.

¿Con qué emociones has conectado hoy? Puedes recurrir al emocionario.

¿Alguien importante en tu vida tiene hoy algo por lo que deberías preguntarle?

JUEVES

Menciona algo bonito que hayas presenciado hoy.

¿Con qué emociones has conectado hoy? Puedes recurrir al emocionario.

¿Alguien importante en tu vida tiene hoy algo por lo que deberías preguntarle?

VIERNES

Menciona algo bonito que hayas presenciado hoy.

¿Con qué emociones has conectado hoy? Puedes recurrir al emocionario.

¿Alguien importante en tu vida tiene hoy algo por lo que deberías preguntarle?

SÁBADO

Menciona algo bonito que hayas presenciado hoy.

¿Con qué emociones has conectado hoy? Puedes recurrir al emocionario.

¿Alguien importante en tu vida tiene hoy algo por lo que deberías preguntarle?

DOMINGO

Menciona algo bonito que hayas presenciado hoy.

¿Con qué emociones has conectado hoy? Puedes recurrir al emocionario.

¿Alguien importante en tu vida tiene hoy algo por lo que deberías preguntarle?

GRATITUD

Escribe 3 cosas por las que estés agradecida y tómate unos minutos para conectar con la sensación de ser afortunada por ellas.

1.
2.
3.

MI APRENDIZAJE

Si tu semana tuviera que tener una conclusión, ¿cuál sería?

LUNES

Menciona algo bonito que hayas presenciado hoy.

¿Con qué emociones has conectado hoy? Puedes recurrir al emocionario.

¿Alguien importante en tu vida tiene hoy algo por lo que deberías preguntarle?

MARTES

Menciona algo bonito que hayas presenciado hoy.

¿Con qué emociones has conectado hoy? Puedes recurrir al emocionario.

¿Alguien importante en tu vida tiene hoy algo por lo que deberías preguntarle?

MIÉRCOLES

Menciona algo bonito que hayas presenciado hoy.

¿Con qué emociones has conectado hoy? Puedes recurrir al emocionario.

¿Alguien importante en tu vida tiene hoy algo por lo que deberías preguntarle?

JUEVES

Menciona algo bonito que hayas presenciado hoy.

¿Con qué emociones has conectado hoy? Puedes recurrir al emocionario.

¿Alguien importante en tu vida tiene hoy algo por lo que deberías preguntarle?

VIERNES

Menciona algo bonito que hayas presenciado hoy.

¿Con qué emociones has conectado hoy? Puedes recurrir al emocionario.

¿Alguien importante en tu vida tiene hoy algo por lo que deberías preguntarle?

SÁBADO

Menciona algo bonito que hayas presenciado hoy.

¿Con qué emociones has conectado hoy? Puedes recurrir al emocionario.

¿Alguien importante en tu vida tiene hoy algo por lo que deberías preguntarle?

DOMINGO

Menciona algo bonito que hayas presenciado hoy.

¿Con qué emociones has conectado hoy? Puedes recurrir al emocionario.

¿Alguien importante en tu vida tiene hoy algo por lo que deberías preguntarle?

GRATITUD

Escribe 3 cosas por las que estés agradecida y tómate unos minutos para conectar con la sensación de ser afortunada por ellas.

1. ______

2. ______

3. ______

MI APRENDIZAJE

Si tu semana tuviera que tener una conclusión, ¿cuál sería?

MES
6

CALENDARIO EMOCIONAL

	SEMANA 1	SEMANA 2	SEMANA 3	SEMANA 4	SEMANA 5
LUNES					
MARTES					
MIÉRCOLES					
JUEVES					
VIERNES					
SÁBADO					
DOMINGO					

LUNES

Menciona algo bonito que hayas presenciado hoy.

¿Con qué emociones has conectado hoy? Puedes recurrir al emocionario.

¿Alguien importante en tu vida tiene hoy algo por lo que deberías preguntarle?

MARTES

Menciona algo bonito que hayas presenciado hoy.

¿Con qué emociones has conectado hoy? Puedes recurrir al emocionario.

¿Alguien importante en tu vida tiene hoy algo por lo que deberías preguntarle?

MIÉRCOLES

Menciona algo bonito que hayas presenciado hoy.

¿Con qué emociones has conectado hoy? Puedes recurrir al emocionario.

¿Alguien importante en tu vida tiene hoy algo por lo que deberías preguntarle?

JUEVES

Menciona algo bonito que hayas presenciado hoy.

¿Con qué emociones has conectado hoy? Puedes recurrir al emocionario.

¿Alguien importante en tu vida tiene hoy algo por lo que deberías preguntarle?

VIERNES

Menciona algo bonito que hayas presenciado hoy.

¿Con qué emociones has conectado hoy? Puedes recurrir al emocionario.

¿Alguien importante en tu vida tiene hoy algo por lo que deberías preguntarle?

SÁBADO

Menciona algo bonito que hayas presenciado hoy.

¿Con qué emociones has conectado hoy? Puedes recurrir al emocionario.

¿Alguien importante en tu vida tiene hoy algo por lo que deberías preguntarle?

DOMINGO

Menciona algo bonito que hayas presenciado hoy.

¿Con qué emociones has conectado hoy? Puedes recurrir al emocionario.

¿Alguien importante en tu vida tiene hoy algo por lo que deberías preguntarle?

GRATITUD

Escribe 3 cosas por las que estés agradecida y tómate unos minutos para conectar con la sensación de ser afortunada por ellas.

1.
2.
3.

MI APRENDIZAJE

Si tu semana tuviera que tener una conclusión, ¿cuál sería?

LUNES

Menciona algo bonito que hayas presenciado hoy.

¿Con qué emociones has conectado hoy? Puedes recurrir al emocionario.

¿Alguien importante en tu vida tiene hoy algo por lo que deberías preguntarle?

MARTES

Menciona algo bonito que hayas presenciado hoy.

¿Con qué emociones has conectado hoy? Puedes recurrir al emocionario.

¿Alguien importante en tu vida tiene hoy algo por lo que deberías preguntarle?

MIÉRCOLES

Menciona algo bonito que hayas presenciado hoy.

¿Con qué emociones has conectado hoy? Puedes recurrir al emocionario.

¿Alguien importante en tu vida tiene hoy algo por lo que deberías preguntarle?

JUEVES

Menciona algo bonito que hayas presenciado hoy.

¿Con qué emociones has conectado hoy? Puedes recurrir al emocionario.

¿Alguien importante en tu vida tiene hoy algo por lo que deberías preguntarle?

VIERNES

Menciona algo bonito que hayas presenciado hoy.

¿Con qué emociones has conectado hoy? Puedes recurrir al emocionario.

¿Alguien importante en tu vida tiene hoy algo por lo que deberías preguntarle?

SÁBADO

Menciona algo bonito que hayas presenciado hoy.

¿Con qué emociones has conectado hoy? Puedes recurrir al emocionario.

¿Alguien importante en tu vida tiene hoy algo por lo que deberías preguntarle?

DOMINGO

Menciona algo bonito que hayas presenciado hoy.

¿Con qué emociones has conectado hoy? Puedes recurrir al emocionario.

¿Alguien importante en tu vida tiene hoy algo por lo que deberías preguntarle?

GRATITUD

Escribe 3 cosas por las que estés agradecida y tómate unos minutos para conectar con la sensación de ser afortunada por ellas.

1.
2.
3.

MI APRENDIZAJE

Si tu semana tuviera que tener una conclusión, ¿cuál sería?

LUNES

Menciona algo bonito que hayas presenciado hoy.

¿Con qué emociones has conectado hoy? Puedes recurrir al emocionario.

¿Alguien importante en tu vida tiene hoy algo por lo que deberías preguntarle?

MARTES

Menciona algo bonito que hayas presenciado hoy.

¿Con qué emociones has conectado hoy? Puedes recurrir al emocionario.

¿Alguien importante en tu vida tiene hoy algo por lo que deberías preguntarle?

MIÉRCOLES

Menciona algo bonito que hayas presenciado hoy.

¿Con qué emociones has conectado hoy? Puedes recurrir al emocionario.

¿Alguien importante en tu vida tiene hoy algo por lo que deberías preguntarle?

JUEVES

Menciona algo bonito que hayas presenciado hoy.

¿Con qué emociones has conectado hoy? Puedes recurrir al emocionario.

¿Alguien importante en tu vida tiene hoy algo por lo que deberías preguntarle?

VIERNES

Menciona algo bonito que hayas presenciado hoy.

¿Con qué emociones has conectado hoy? Puedes recurrir al emocionario.

¿Alguien importante en tu vida tiene hoy algo por lo que deberías preguntarle?

SÁBADO

Menciona algo bonito que hayas presenciado hoy.

¿Con qué emociones has conectado hoy? Puedes recurrir al emocionario.

¿Alguien importante en tu vida tiene hoy algo por lo que deberías preguntarle?

DOMINGO

Menciona algo bonito que hayas presenciado hoy.

¿Con qué emociones has conectado hoy? Puedes recurrir al emocionario.

¿Alguien importante en tu vida tiene hoy algo por lo que deberías preguntarle?

GRATITUD

Escribe 3 cosas por las que estés agradecida y tómate unos minutos para conectar con la sensación de ser afortunada por ellas.

1.

2.

3.

MI APRENDIZAJE

Si tu semana tuviera que tener una conclusión, ¿cuál sería?

LUNES

Menciona algo bonito que hayas presenciado hoy.

¿Con qué emociones has conectado hoy? Puedes recurrir al emocionario.

¿Alguien importante en tu vida tiene hoy algo por lo que deberías preguntarle?

MARTES

Menciona algo bonito que hayas presenciado hoy.

¿Con qué emociones has conectado hoy? Puedes recurrir al emocionario.

¿Alguien importante en tu vida tiene hoy algo por lo que deberías preguntarle?

MIÉRCOLES

Menciona algo bonito que hayas presenciado hoy.

¿Con qué emociones has conectado hoy? Puedes recurrir al emocionario.

¿Alguien importante en tu vida tiene hoy algo por lo que deberías preguntarle?

JUEVES

Menciona algo bonito que hayas presenciado hoy.

¿Con qué emociones has conectado hoy? Puedes recurrir al emocionario.

¿Alguien importante en tu vida tiene hoy algo por lo que deberías preguntarle?

VIERNES

Menciona algo bonito que hayas presenciado hoy.

¿Con qué emociones has conectado hoy? Puedes recurrir al emocionario.

¿Alguien importante en tu vida tiene hoy algo por lo que deberías preguntarle?

SÁBADO

Menciona algo bonito que hayas presenciado hoy.

¿Con qué emociones has conectado hoy? Puedes recurrir al emocionario.

¿Alguien importante en tu vida tiene hoy algo por lo que deberías preguntarle?

DOMINGO

Menciona algo bonito que hayas presenciado hoy.

¿Con qué emociones has conectado hoy? Puedes recurrir al emocionario.

¿Alguien importante en tu vida tiene hoy algo por lo que deberías preguntarle?

GRATITUD

Escribe 3 cosas por las que estés agradecida y tómate unos minutos para conectar con la sensación de ser afortunada por ellas.

1.

2.

3.

MI APRENDIZAJE

Si tu semana tuviera que tener una conclusión, ¿cuál sería?

LUNES

Menciona algo bonito que hayas presenciado hoy.

¿Con qué emociones has conectado hoy? Puedes recurrir al emocionario.

¿Alguien importante en tu vida tiene hoy algo por lo que deberías preguntarle?

MARTES

Menciona algo bonito que hayas presenciado hoy.

¿Con qué emociones has conectado hoy? Puedes recurrir al emocionario.

¿Alguien importante en tu vida tiene hoy algo por lo que deberías preguntarle?

MIÉRCOLES

Menciona algo bonito que hayas presenciado hoy.

¿Con qué emociones has conectado hoy? Puedes recurrir al emocionario.

¿Alguien importante en tu vida tiene hoy algo por lo que deberías preguntarle?

JUEVES

Menciona algo bonito que hayas presenciado hoy.

¿Con qué emociones has conectado hoy? Puedes recurrir al emocionario.

¿Alguien importante en tu vida tiene hoy algo por lo que deberías preguntarle?

VIERNES

Menciona algo bonito que hayas presenciado hoy.

¿Con qué emociones has conectado hoy? Puedes recurrir al emocionario.

¿Alguien importante en tu vida tiene hoy algo por lo que deberías preguntarle?

SÁBADO

Menciona algo bonito que hayas presenciado hoy.

¿Con qué emociones has conectado hoy? Puedes recurrir al emocionario.

¿Alguien importante en tu vida tiene hoy algo por lo que deberías preguntarle?

DOMINGO

Menciona algo bonito que hayas presenciado hoy.

¿Con qué emociones has conectado hoy? Puedes recurrir al emocionario.

¿Alguien importante en tu vida tiene hoy algo por lo que deberías preguntarle?

GRATITUD

Escribe 3 cosas por las que estés agradecida y tómate unos minutos para conectar con la sensación de ser afortunada por ellas.

1.
2.
3.

MI APRENDIZAJE

Si tu semana tuviera que tener una conclusión, ¿cuál sería?

MES
7

CALENDARIO EMOCIONAL

	SEMANA 1	SEMANA 2	SEMANA 3	SEMANA 4	SEMANA 5
LUNES					
MARTES					
MIÉRCOLES					
JUEVES					
VIERNES					
SÁBADO					
DOMINGO					

LUNES

Menciona algo bonito que hayas presenciado hoy.

¿Con qué emociones has conectado hoy? Puedes recurrir al emocionario.

¿Alguien importante en tu vida tiene hoy algo por lo que deberías preguntarle?

MARTES

Menciona algo bonito que hayas presenciado hoy.

¿Con qué emociones has conectado hoy? Puedes recurrir al emocionario.

¿Alguien importante en tu vida tiene hoy algo por lo que deberías preguntarle?

MIÉRCOLES

Menciona algo bonito que hayas presenciado hoy.

¿Con qué emociones has conectado hoy? Puedes recurrir al emocionario.

¿Alguien importante en tu vida tiene hoy algo por lo que deberías preguntarle?

JUEVES

Menciona algo bonito que hayas presenciado hoy.

¿Con qué emociones has conectado hoy? Puedes recurrir al emocionario.

¿Alguien importante en tu vida tiene hoy algo por lo que deberías preguntarle?

VIERNES

Menciona algo bonito que hayas presenciado hoy.

¿Con qué emociones has conectado hoy? Puedes recurrir al emocionario.

¿Alguien importante en tu vida tiene hoy algo por lo que deberías preguntarle?

SÁBADO

Menciona algo bonito que hayas presenciado hoy.

¿Con qué emociones has conectado hoy? Puedes recurrir al emocionario.

¿Alguien importante en tu vida tiene hoy algo por lo que deberías preguntarle?

DOMINGO

Menciona algo bonito que hayas presenciado hoy.

¿Con qué emociones has conectado hoy? Puedes recurrir al emocionario.

¿Alguien importante en tu vida tiene hoy algo por lo que deberías preguntarle?

GRATITUD

Escribe 3 cosas por las que estés agradecida y tómate unos minutos para conectar con la sensación de ser afortunada por ellas.

1.

2.

3.

MI APRENDIZAJE

Si tu semana tuviera que tener una conclusión, ¿cuál sería?

LUNES

Menciona algo bonito que hayas presenciado hoy.

¿Con qué emociones has conectado hoy? Puedes recurrir al emocionario.

¿Alguien importante en tu vida tiene hoy algo por lo que deberías preguntarle?

MARTES

Menciona algo bonito que hayas presenciado hoy.

¿Con qué emociones has conectado hoy? Puedes recurrir al emocionario.

¿Alguien importante en tu vida tiene hoy algo por lo que deberías preguntarle?

MIÉRCOLES

Menciona algo bonito que hayas presenciado hoy.

¿Con qué emociones has conectado hoy? Puedes recurrir al emocionario.

¿Alguien importante en tu vida tiene hoy algo por lo que deberías preguntarle?

JUEVES

Menciona algo bonito que hayas presenciado hoy.

¿Con qué emociones has conectado hoy? Puedes recurrir al emocionario.

¿Alguien importante en tu vida tiene hoy algo por lo que deberías preguntarle?

VIERNES

Menciona algo bonito que hayas presenciado hoy.

¿Con qué emociones has conectado hoy? Puedes recurrir al emocionario.

¿Alguien importante en tu vida tiene hoy algo por lo que deberías preguntarle?

SÁBADO

Menciona algo bonito que hayas presenciado hoy.

¿Con qué emociones has conectado hoy? Puedes recurrir al emocionario.

¿Alguien importante en tu vida tiene hoy algo por lo que deberías preguntarle?

DOMINGO

Menciona algo bonito que hayas presenciado hoy.

¿Con qué emociones has conectado hoy? Puedes recurrir al emocionario.

¿Alguien importante en tu vida tiene hoy algo por lo que deberías preguntarle?

GRATITUD

Escribe 3 cosas por las que estés agradecida y tómate unos minutos para conectar con la sensación de ser afortunada por ellas.

1.

2.

3.

MI APRENDIZAJE

Si tu semana tuviera que tener una conclusión, ¿cuál sería?

LUNES

Menciona algo bonito que hayas presenciado hoy.

¿Con qué emociones has conectado hoy? Puedes recurrir al emocionario.

¿Alguien importante en tu vida tiene hoy algo por lo que deberías preguntarle?

MARTES

Menciona algo bonito que hayas presenciado hoy.

¿Con qué emociones has conectado hoy? Puedes recurrir al emocionario.

¿Alguien importante en tu vida tiene hoy algo por lo que deberías preguntarle?

MIÉRCOLES

Menciona algo bonito que hayas presenciado hoy.

¿Con qué emociones has conectado hoy? Puedes recurrir al emocionario.

¿Alguien importante en tu vida tiene hoy algo por lo que deberías preguntarle?

JUEVES

Menciona algo bonito que hayas presenciado hoy.

¿Con qué emociones has conectado hoy? Puedes recurrir al emocionario.

¿Alguien importante en tu vida tiene hoy algo por lo que deberías preguntarle?

VIERNES

Menciona algo bonito que hayas presenciado hoy.

¿Con qué emociones has conectado hoy? Puedes recurrir al emocionario.

¿Alguien importante en tu vida tiene hoy algo por lo que deberías preguntarle?

SÁBADO

Menciona algo bonito que hayas presenciado hoy.

¿Con qué emociones has conectado hoy? Puedes recurrir al emocionario.

¿Alguien importante en tu vida tiene hoy algo por lo que deberías preguntarle?

DOMINGO

Menciona algo bonito que hayas presenciado hoy.

¿Con qué emociones has conectado hoy? Puedes recurrir al emocionario.

¿Alguien importante en tu vida tiene hoy algo por lo que deberías preguntarle?

GRATITUD

Escribe 3 cosas por las que estés agradecida y tómate unos minutos para conectar con la sensación de ser afortunada por ellas.

1.
2.
3.

MI APRENDIZAJE

Si tu semana tuviera que tener una conclusión, ¿cuál sería?

LUNES

Menciona algo bonito que hayas presenciado hoy.

¿Con qué emociones has conectado hoy? Puedes recurrir al emocionario.

¿Alguien importante en tu vida tiene hoy algo por lo que deberías preguntarle?

MARTES

Menciona algo bonito que hayas presenciado hoy.

¿Con qué emociones has conectado hoy? Puedes recurrir al emocionario.

¿Alguien importante en tu vida tiene hoy algo por lo que deberías preguntarle?

MIÉRCOLES

Menciona algo bonito que hayas presenciado hoy.

¿Con qué emociones has conectado hoy? Puedes recurrir al emocionario.

¿Alguien importante en tu vida tiene hoy algo por lo que deberías preguntarle?

JUEVES

Menciona algo bonito que hayas presenciado hoy.

¿Con qué emociones has conectado hoy? Puedes recurrir al emocionario.

¿Alguien importante en tu vida tiene hoy algo por lo que deberías preguntarle?

VIERNES

Menciona algo bonito que hayas presenciado hoy.

¿Con qué emociones has conectado hoy? Puedes recurrir al emocionario.

¿Alguien importante en tu vida tiene hoy algo por lo que deberías preguntarle?

SÁBADO

Menciona algo bonito que hayas presenciado hoy.

¿Con qué emociones has conectado hoy? Puedes recurrir al emocionario.

¿Alguien importante en tu vida tiene hoy algo por lo que deberías preguntarle?

DOMINGO

Menciona algo bonito que hayas presenciado hoy.

¿Con qué emociones has conectado hoy? Puedes recurrir al emocionario.

¿Alguien importante en tu vida tiene hoy algo por lo que deberías preguntarle?

GRATITUD

Escribe 3 cosas por las que estés agradecida y tómate unos minutos para conectar con la sensación de ser afortunada por ellas.

1.
2.
3.

MI APRENDIZAJE

Si tu semana tuviera que tener una conclusión, ¿cuál sería?

LUNES

Menciona algo bonito que hayas presenciado hoy.

¿Con qué emociones has conectado hoy? Puedes recurrir al emocionario.

¿Alguien importante en tu vida tiene hoy algo por lo que deberías preguntarle?

MARTES

Menciona algo bonito que hayas presenciado hoy.

¿Con qué emociones has conectado hoy? Puedes recurrir al emocionario.

¿Alguien importante en tu vida tiene hoy algo por lo que deberías preguntarle?

MIÉRCOLES

Menciona algo bonito que hayas presenciado hoy.

¿Con qué emociones has conectado hoy? Puedes recurrir al emocionario.

¿Alguien importante en tu vida tiene hoy algo por lo que deberías preguntarle?

JUEVES

Menciona algo bonito que hayas presenciado hoy.

¿Con qué emociones has conectado hoy? Puedes recurrir al emocionario.

¿Alguien importante en tu vida tiene hoy algo por lo que deberías preguntarle?

VIERNES

Menciona algo bonito que hayas presenciado hoy.

¿Con qué emociones has conectado hoy? Puedes recurrir al emocionario.

¿Alguien importante en tu vida tiene hoy algo por lo que deberías preguntarle?

SÁBADO

Menciona algo bonito que hayas presenciado hoy.

¿Con qué emociones has conectado hoy? Puedes recurrir al emocionario.

¿Alguien importante en tu vida tiene hoy algo por lo que deberías preguntarle?

DOMINGO

Menciona algo bonito que hayas presenciado hoy.

¿Con qué emociones has conectado hoy? Puedes recurrir al emocionario.

¿Alguien importante en tu vida tiene hoy algo por lo que deberías preguntarle?

GRATITUD

Escribe 3 cosas por las que estés agradecida y tómate unos minutos para conectar con la sensación de ser afortunada por ellas.

1.
2.
3.

MI APRENDIZAJE

Si tu semana tuviera que tener una conclusión, ¿cuál sería?

MES
8

CALENDARIO EMOCIONAL

	SEMANA 1	SEMANA 2	SEMANA 3	SEMANA 4	SEMANA 5
LUNES					
MARTES					
MIÉRCOLES					
JUEVES					
VIERNES					
SÁBADO					
DOMINGO					

LUNES

Menciona algo bonito que hayas presenciado hoy.

¿Con qué emociones has conectado hoy? Puedes recurrir al emocionario.

¿Alguien importante en tu vida tiene hoy algo por lo que deberías preguntarle?

MARTES

Menciona algo bonito que hayas presenciado hoy.

¿Con qué emociones has conectado hoy? Puedes recurrir al emocionario.

¿Alguien importante en tu vida tiene hoy algo por lo que deberías preguntarle?

MIÉRCOLES

Menciona algo bonito que hayas presenciado hoy.

¿Con qué emociones has conectado hoy? Puedes recurrir al emocionario.

¿Alguien importante en tu vida tiene hoy algo por lo que deberías preguntarle?

JUEVES

Menciona algo bonito que hayas presenciado hoy.

¿Con qué emociones has conectado hoy? Puedes recurrir al emocionario.

¿Alguien importante en tu vida tiene hoy algo por lo que deberías preguntarle?

VIERNES

Menciona algo bonito que hayas presenciado hoy.

¿Con qué emociones has conectado hoy? Puedes recurrir al emocionario.

¿Alguien importante en tu vida tiene hoy algo por lo que deberías preguntarle?

SÁBADO

Menciona algo bonito que hayas presenciado hoy.

¿Con qué emociones has conectado hoy? Puedes recurrir al emocionario.

¿Alguien importante en tu vida tiene hoy algo por lo que deberías preguntarle?

DOMINGO

Menciona algo bonito que hayas presenciado hoy.

¿Con qué emociones has conectado hoy? Puedes recurrir al emocionario.

¿Alguien importante en tu vida tiene hoy algo por lo que deberías preguntarle?

GRATITUD

Escribe 3 cosas por las que estés agradecida y tómate unos minutos para conectar con la sensación de ser afortunada por ellas.

1.
2.
3.

MI APRENDIZAJE

Si tu semana tuviera que tener una conclusión, ¿cuál sería?

LUNES

Menciona algo bonito que hayas presenciado hoy.

¿Con qué emociones has conectado hoy? Puedes recurrir al emocionario.

¿Alguien importante en tu vida tiene hoy algo por lo que deberías preguntarle?

MARTES

Menciona algo bonito que hayas presenciado hoy.

¿Con qué emociones has conectado hoy? Puedes recurrir al emocionario.

¿Alguien importante en tu vida tiene hoy algo por lo que deberías preguntarle?

MIÉRCOLES

Menciona algo bonito que hayas presenciado hoy.

¿Con qué emociones has conectado hoy? Puedes recurrir al emocionario.

¿Alguien importante en tu vida tiene hoy algo por lo que deberías preguntarle?

JUEVES

Menciona algo bonito que hayas presenciado hoy.

¿Con qué emociones has conectado hoy? Puedes recurrir al emocionario.

¿Alguien importante en tu vida tiene hoy algo por lo que deberías preguntarle?

VIERNES

Menciona algo bonito que hayas presenciado hoy.

¿Con qué emociones has conectado hoy? Puedes recurrir al emocionario.

¿Alguien importante en tu vida tiene hoy algo por lo que deberías preguntarle?

SÁBADO

Menciona algo bonito que hayas presenciado hoy.

¿Con qué emociones has conectado hoy? Puedes recurrir al emocionario.

¿Alguien importante en tu vida tiene hoy algo por lo que deberías preguntarle?

DOMINGO

Menciona algo bonito que hayas presenciado hoy.

¿Con qué emociones has conectado hoy? Puedes recurrir al emocionario.

¿Alguien importante en tu vida tiene hoy algo por lo que deberías preguntarle?

GRATITUD

Escribe 3 cosas por las que estés agradecida y tómate unos minutos para conectar con la sensación de ser afortunada por ellas.

1.
2.
3.

MI APRENDIZAJE

Si tu semana tuviera que tener una conclusión, ¿cuál sería?

LUNES

Menciona algo bonito que hayas presenciado hoy.

¿Con qué emociones has conectado hoy? Puedes recurrir al emocionario.

¿Alguien importante en tu vida tiene hoy algo por lo que deberías preguntarle?

MARTES

Menciona algo bonito que hayas presenciado hoy.

¿Con qué emociones has conectado hoy? Puedes recurrir al emocionario.

¿Alguien importante en tu vida tiene hoy algo por lo que deberías preguntarle?

MIÉRCOLES

Menciona algo bonito que hayas presenciado hoy.

¿Con qué emociones has conectado hoy? Puedes recurrir al emocionario.

¿Alguien importante en tu vida tiene hoy algo por lo que deberías preguntarle?

JUEVES

Menciona algo bonito que hayas presenciado hoy.

¿Con qué emociones has conectado hoy? Puedes recurrir al emocionario.

¿Alguien importante en tu vida tiene hoy algo por lo que deberías preguntarle?

VIERNES

Menciona algo bonito que hayas presenciado hoy.

¿Con qué emociones has conectado hoy? Puedes recurrir al emocionario.

¿Alguien importante en tu vida tiene hoy algo por lo que deberías preguntarle?

SÁBADO

Menciona algo bonito que hayas presenciado hoy.

¿Con qué emociones has conectado hoy? Puedes recurrir al emocionario.

¿Alguien importante en tu vida tiene hoy algo por lo que deberías preguntarle?

DOMINGO

Menciona algo bonito que hayas presenciado hoy.

¿Con qué emociones has conectado hoy? Puedes recurrir al emocionario.

¿Alguien importante en tu vida tiene hoy algo por lo que deberías preguntarle?

GRATITUD

Escribe 3 cosas por las que estés agradecida y tómate unos minutos para conectar con la sensación de ser afortunada por ellas.

1.
2.
3.

MI APRENDIZAJE

Si tu semana tuviera que tener una conclusión, ¿cuál sería?

LUNES

Menciona algo bonito que hayas presenciado hoy.

¿Con qué emociones has conectado hoy? Puedes recurrir al emocionario.

¿Alguien importante en tu vida tiene hoy algo por lo que deberías preguntarle?

MARTES

Menciona algo bonito que hayas presenciado hoy.

¿Con qué emociones has conectado hoy? Puedes recurrir al emocionario.

¿Alguien importante en tu vida tiene hoy algo por lo que deberías preguntarle?

MIÉRCOLES

Menciona algo bonito que hayas presenciado hoy.

¿Con qué emociones has conectado hoy? Puedes recurrir al emocionario.

¿Alguien importante en tu vida tiene hoy algo por lo que deberías preguntarle?

JUEVES

Menciona algo bonito que hayas presenciado hoy.

¿Con qué emociones has conectado hoy? Puedes recurrir al emocionario.

¿Alguien importante en tu vida tiene hoy algo por lo que deberías preguntarle?

VIERNES

Menciona algo bonito que hayas presenciado hoy.

¿Con qué emociones has conectado hoy? Puedes recurrir al emocionario.

¿Alguien importante en tu vida tiene hoy algo por lo que deberías preguntarle?

SÁBADO

Menciona algo bonito que hayas presenciado hoy.

¿Con qué emociones has conectado hoy? Puedes recurrir al emocionario.

¿Alguien importante en tu vida tiene hoy algo por lo que deberías preguntarle?

DOMINGO

Menciona algo bonito que hayas presenciado hoy.

¿Con qué emociones has conectado hoy? Puedes recurrir al emocionario.

¿Alguien importante en tu vida tiene hoy algo por lo que deberías preguntarle?

GRATITUD

Escribe 3 cosas por las que estés agradecida y tómate unos minutos para conectar con la sensación de ser afortunada por ellas.

1.
2.
3.

MI APRENDIZAJE

Si tu semana tuviera que tener una conclusión, ¿cuál sería?

LUNES

Menciona algo bonito que hayas presenciado hoy.

¿Con qué emociones has conectado hoy? Puedes recurrir al emocionario.

¿Alguien importante en tu vida tiene hoy algo por lo que deberías preguntarle?

MARTES

Menciona algo bonito que hayas presenciado hoy.

¿Con qué emociones has conectado hoy? Puedes recurrir al emocionario.

¿Alguien importante en tu vida tiene hoy algo por lo que deberías preguntarle?

MIÉRCOLES

Menciona algo bonito que hayas presenciado hoy.

¿Con qué emociones has conectado hoy? Puedes recurrir al emocionario.

¿Alguien importante en tu vida tiene hoy algo por lo que deberías preguntarle?

JUEVES

Menciona algo bonito que hayas presenciado hoy.

¿Con qué emociones has conectado hoy? Puedes recurrir al emocionario.

¿Alguien importante en tu vida tiene hoy algo por lo que deberías preguntarle?

VIERNES

Menciona algo bonito que hayas presenciado hoy.

¿Con qué emociones has conectado hoy? Puedes recurrir al emocionario.

¿Alguien importante en tu vida tiene hoy algo por lo que deberías preguntarle?

SÁBADO

Menciona algo bonito que hayas presenciado hoy.

¿Con qué emociones has conectado hoy? Puedes recurrir al emocionario.

¿Alguien importante en tu vida tiene hoy algo por lo que deberías preguntarle?

DOMINGO

Menciona algo bonito que hayas presenciado hoy.

¿Con qué emociones has conectado hoy? Puedes recurrir al emocionario.

¿Alguien importante en tu vida tiene hoy algo por lo que deberías preguntarle?

GRATITUD

Escribe 3 cosas por las que estés agradecida y tómate unos minutos para conectar con la sensación de ser afortunada por ellas.

1.

2.

3.

MI APRENDIZAJE

Si tu semana tuviera que tener una conclusión, ¿cuál sería?

MES
9

CALENDARIO EMOCIONAL

	SEMANA 1	SEMANA 2	SEMANA 3	SEMANA 4	SEMANA 5
LUNES					
MARTES					
MIÉRCOLES					
JUEVES					
VIERNES					
SÁBADO					
DOMINGO					

LUNES

Menciona algo bonito que hayas presenciado hoy.

¿Con qué emociones has conectado hoy? Puedes recurrir al emocionario.

¿Alguien importante en tu vida tiene hoy algo por lo que deberías preguntarle?

MARTES

Menciona algo bonito que hayas presenciado hoy.

¿Con qué emociones has conectado hoy? Puedes recurrir al emocionario.

¿Alguien importante en tu vida tiene hoy algo por lo que deberías preguntarle?

MIÉRCOLES

Menciona algo bonito que hayas presenciado hoy.

¿Con qué emociones has conectado hoy? Puedes recurrir al emocionario.

¿Alguien importante en tu vida tiene hoy algo por lo que deberías preguntarle?

JUEVES

Menciona algo bonito que hayas presenciado hoy.

¿Con qué emociones has conectado hoy? Puedes recurrir al emocionario.

¿Alguien importante en tu vida tiene hoy algo por lo que deberías preguntarle?

VIERNES

Menciona algo bonito que hayas presenciado hoy.

¿Con qué emociones has conectado hoy? Puedes recurrir al emocionario.

¿Alguien importante en tu vida tiene hoy algo por lo que deberías preguntarle?

SÁBADO

Menciona algo bonito que hayas presenciado hoy.

¿Con qué emociones has conectado hoy? Puedes recurrir al emocionario.

¿Alguien importante en tu vida tiene hoy algo por lo que deberías preguntarle?

DOMINGO

Menciona algo bonito que hayas presenciado hoy.

¿Con qué emociones has conectado hoy? Puedes recurrir al emocionario.

¿Alguien importante en tu vida tiene hoy algo por lo que deberías preguntarle?

GRATITUD

Escribe 3 cosas por las que estés agradecida y tómate unos minutos para conectar con la sensación de ser afortunada por ellas.

1.
2.
3.

MI APRENDIZAJE

Si tu semana tuviera que tener una conclusión, ¿cuál sería?

LUNES

Menciona algo bonito que hayas presenciado hoy.

¿Con qué emociones has conectado hoy? Puedes recurrir al emocionario.

¿Alguien importante en tu vida tiene hoy algo por lo que deberías preguntarle?

MARTES

Menciona algo bonito que hayas presenciado hoy.

¿Con qué emociones has conectado hoy? Puedes recurrir al emocionario.

¿Alguien importante en tu vida tiene hoy algo por lo que deberías preguntarle?

MIÉRCOLES

Menciona algo bonito que hayas presenciado hoy.

¿Con qué emociones has conectado hoy? Puedes recurrir al emocionario.

¿Alguien importante en tu vida tiene hoy algo por lo que deberías preguntarle?

JUEVES

Menciona algo bonito que hayas presenciado hoy.

¿Con qué emociones has conectado hoy? Puedes recurrir al emocionario.

¿Alguien importante en tu vida tiene hoy algo por lo que deberías preguntarle?

VIERNES

Menciona algo bonito que hayas presenciado hoy.

¿Con qué emociones has conectado hoy? Puedes recurrir al emocionario.

¿Alguien importante en tu vida tiene hoy algo por lo que deberías preguntarle?

SÁBADO

Menciona algo bonito que hayas presenciado hoy.

¿Con qué emociones has conectado hoy? Puedes recurrir al emocionario.

¿Alguien importante en tu vida tiene hoy algo por lo que deberías preguntarle?

DOMINGO

Menciona algo bonito que hayas presenciado hoy.

¿Con qué emociones has conectado hoy? Puedes recurrir al emocionario.

¿Alguien importante en tu vida tiene hoy algo por lo que deberías preguntarle?

GRATITUD

Escribe 3 cosas por las que estés agradecida y tómate unos minutos para conectar con la sensación de ser afortunada por ellas.

1.
2.
3.

MI APRENDIZAJE

Si tu semana tuviera que tener una conclusión, ¿cuál sería?

LUNES

Menciona algo bonito que hayas presenciado hoy.

¿Con qué emociones has conectado hoy? Puedes recurrir al emocionario.

¿Alguien importante en tu vida tiene hoy algo por lo que deberías preguntarle?

MARTES

Menciona algo bonito que hayas presenciado hoy.

¿Con qué emociones has conectado hoy? Puedes recurrir al emocionario.

¿Alguien importante en tu vida tiene hoy algo por lo que deberías preguntarle?

MIÉRCOLES

Menciona algo bonito que hayas presenciado hoy.

¿Con qué emociones has conectado hoy? Puedes recurrir al emocionario.

¿Alguien importante en tu vida tiene hoy algo por lo que deberías preguntarle?

JUEVES

Menciona algo bonito que hayas presenciado hoy.

¿Con qué emociones has conectado hoy? Puedes recurrir al emocionario.

¿Alguien importante en tu vida tiene hoy algo por lo que deberías preguntarle?

VIERNES

Menciona algo bonito que hayas presenciado hoy.

¿Con qué emociones has conectado hoy? Puedes recurrir al emocionario.

¿Alguien importante en tu vida tiene hoy algo por lo que deberías preguntarle?

SÁBADO

Menciona algo bonito que hayas presenciado hoy.

¿Con qué emociones has conectado hoy? Puedes recurrir al emocionario.

¿Alguien importante en tu vida tiene hoy algo por lo que deberías preguntarle?

DOMINGO

Menciona algo bonito que hayas presenciado hoy.

¿Con qué emociones has conectado hoy? Puedes recurrir al emocionario.

¿Alguien importante en tu vida tiene hoy algo por lo que deberías preguntarle?

GRATITUD

Escribe 3 cosas por las que estés agradecida y tómate unos minutos para conectar con la sensación de ser afortunada por ellas.

1.
2.
3.

MI APRENDIZAJE

Si tu semana tuviera que tener una conclusión, ¿cuál sería?

LUNES

Menciona algo bonito que hayas presenciado hoy.

¿Con qué emociones has conectado hoy? Puedes recurrir al emocionario.

¿Alguien importante en tu vida tiene hoy algo por lo que deberías preguntarle?

MARTES

Menciona algo bonito que hayas presenciado hoy.

¿Con qué emociones has conectado hoy? Puedes recurrir al emocionario.

¿Alguien importante en tu vida tiene hoy algo por lo que deberías preguntarle?

MIÉRCOLES

Menciona algo bonito que hayas presenciado hoy.

¿Con qué emociones has conectado hoy? Puedes recurrir al emocionario.

¿Alguien importante en tu vida tiene hoy algo por lo que deberías preguntarle?

JUEVES

Menciona algo bonito que hayas presenciado hoy.

¿Con qué emociones has conectado hoy? Puedes recurrir al emocionario.

¿Alguien importante en tu vida tiene hoy algo por lo que deberías preguntarle?

VIERNES

Menciona algo bonito que hayas presenciado hoy.

¿Con qué emociones has conectado hoy? Puedes recurrir al emocionario.

¿Alguien importante en tu vida tiene hoy algo por lo que deberías preguntarle?

SÁBADO

Menciona algo bonito que hayas presenciado hoy.

¿Con qué emociones has conectado hoy? Puedes recurrir al emocionario.

¿Alguien importante en tu vida tiene hoy algo por lo que deberías preguntarle?

DOMINGO

Menciona algo bonito que hayas presenciado hoy.

¿Con qué emociones has conectado hoy? Puedes recurrir al emocionario.

¿Alguien importante en tu vida tiene hoy algo por lo que deberías preguntarle?

GRATITUD

Escribe 3 cosas por las que estés agradecida y tómate unos minutos para conectar con la sensación de ser afortunada por ellas.

1.

2.

3.

MI APRENDIZAJE

Si tu semana tuviera que tener una conclusión, ¿cuál sería?

LUNES

Menciona algo bonito que hayas presenciado hoy.

¿Con qué emociones has conectado hoy? Puedes recurrir al emocionario.

¿Alguien importante en tu vida tiene hoy algo por lo que deberías preguntarle?

MARTES

Menciona algo bonito que hayas presenciado hoy.

¿Con qué emociones has conectado hoy? Puedes recurrir al emocionario.

¿Alguien importante en tu vida tiene hoy algo por lo que deberías preguntarle?

MIÉRCOLES

Menciona algo bonito que hayas presenciado hoy.

¿Con qué emociones has conectado hoy? Puedes recurrir al emocionario.

¿Alguien importante en tu vida tiene hoy algo por lo que deberías preguntarle?

JUEVES

Menciona algo bonito que hayas presenciado hoy.

¿Con qué emociones has conectado hoy? Puedes recurrir al emocionario.

¿Alguien importante en tu vida tiene hoy algo por lo que deberías preguntarle?

VIERNES

Menciona algo bonito que hayas presenciado hoy.

¿Con qué emociones has conectado hoy? Puedes recurrir al emocionario.

¿Alguien importante en tu vida tiene hoy algo por lo que deberías preguntarle?

SÁBADO

Menciona algo bonito que hayas presenciado hoy.

¿Con qué emociones has conectado hoy? Puedes recurrir al emocionario.

¿Alguien importante en tu vida tiene hoy algo por lo que deberías preguntarle?

DOMINGO

Menciona algo bonito que hayas presenciado hoy.

¿Con qué emociones has conectado hoy? Puedes recurrir al emocionario.

¿Alguien importante en tu vida tiene hoy algo por lo que deberías preguntarle?

GRATITUD

Escribe 3 cosas por las que estés agradecida y tómate unos minutos para conectar con la sensación de ser afortunada por ellas.

1.
2.
3.

MI APRENDIZAJE

Si tu semana tuviera que tener una conclusión, ¿cuál sería?

MES
10

CALENDARIO EMOCIONAL

	SEMANA 1	SEMANA 2	SEMANA 3	SEMANA 4	SEMANA 5
LUNES					
MARTES					
MIÉRCOLES					
JUEVES					
VIERNES					
SÁBADO					
DOMINGO					

LUNES

Menciona algo bonito que hayas presenciado hoy.

¿Con qué emociones has conectado hoy? Puedes recurrir al emocionario.

¿Alguien importante en tu vida tiene hoy algo por lo que deberías preguntarle?

MARTES

Menciona algo bonito que hayas presenciado hoy.

¿Con qué emociones has conectado hoy? Puedes recurrir al emocionario.

¿Alguien importante en tu vida tiene hoy algo por lo que deberías preguntarle?

MIÉRCOLES

Menciona algo bonito que hayas presenciado hoy.

¿Con qué emociones has conectado hoy? Puedes recurrir al emocionario.

¿Alguien importante en tu vida tiene hoy algo por lo que deberías preguntarle?

JUEVES

Menciona algo bonito que hayas presenciado hoy.

¿Con qué emociones has conectado hoy? Puedes recurrir al emocionario.

¿Alguien importante en tu vida tiene hoy algo por lo que deberías preguntarle?

VIERNES

Menciona algo bonito que hayas presenciado hoy.

¿Con qué emociones has conectado hoy? Puedes recurrir al emocionario.

¿Alguien importante en tu vida tiene hoy algo por lo que deberías preguntarle?

SÁBADO

Menciona algo bonito que hayas presenciado hoy.

¿Con qué emociones has conectado hoy? Puedes recurrir al emocionario.

¿Alguien importante en tu vida tiene hoy algo por lo que deberías preguntarle?

DOMINGO

Menciona algo bonito que hayas presenciado hoy.

¿Con qué emociones has conectado hoy? Puedes recurrir al emocionario.

¿Alguien importante en tu vida tiene hoy algo por lo que deberías preguntarle?

GRATITUD

Escribe 3 cosas por las que estés agradecida y tómate unos minutos para conectar con la sensación de ser afortunada por ellas.

1.

2.

3.

MI APRENDIZAJE

Si tu semana tuviera que tener una conclusión, ¿cuál sería?

LUNES

Menciona algo bonito que hayas presenciado hoy.

¿Con qué emociones has conectado hoy? Puedes recurrir al emocionario.

¿Alguien importante en tu vida tiene hoy algo por lo que deberías preguntarle?

MARTES

Menciona algo bonito que hayas presenciado hoy.

¿Con qué emociones has conectado hoy? Puedes recurrir al emocionario.

¿Alguien importante en tu vida tiene hoy algo por lo que deberías preguntarle?

MIÉRCOLES

Menciona algo bonito que hayas presenciado hoy.

¿Con qué emociones has conectado hoy? Puedes recurrir al emocionario.

¿Alguien importante en tu vida tiene hoy algo por lo que deberías preguntarle?

JUEVES

Menciona algo bonito que hayas presenciado hoy.

¿Con qué emociones has conectado hoy? Puedes recurrir al emocionario.

¿Alguien importante en tu vida tiene hoy algo por lo que deberías preguntarle?

VIERNES

Menciona algo bonito que hayas presenciado hoy.

¿Con qué emociones has conectado hoy? Puedes recurrir al emocionario.

¿Alguien importante en tu vida tiene hoy algo por lo que deberías preguntarle?

SÁBADO

Menciona algo bonito que hayas presenciado hoy.

¿Con qué emociones has conectado hoy? Puedes recurrir al emocionario.

¿Alguien importante en tu vida tiene hoy algo por lo que deberías preguntarle?

DOMINGO

Menciona algo bonito que hayas presenciado hoy.

¿Con qué emociones has conectado hoy? Puedes recurrir al emocionario.

¿Alguien importante en tu vida tiene hoy algo por lo que deberías preguntarle?

GRATITUD

Escribe 3 cosas por las que estés agradecida y tómate unos minutos para conectar con la sensación de ser afortunada por ellas.

1.
2.
3.

MI APRENDIZAJE

Si tu semana tuviera que tener una conclusión, ¿cuál sería?

LUNES

Menciona algo bonito que hayas presenciado hoy.

¿Con qué emociones has conectado hoy? Puedes recurrir al emocionario.

¿Alguien importante en tu vida tiene hoy algo por lo que deberías preguntarle?

MARTES

Menciona algo bonito que hayas presenciado hoy.

¿Con qué emociones has conectado hoy? Puedes recurrir al emocionario.

¿Alguien importante en tu vida tiene hoy algo por lo que deberías preguntarle?

MIÉRCOLES

Menciona algo bonito que hayas presenciado hoy.

¿Con qué emociones has conectado hoy? Puedes recurrir al emocionario.

¿Alguien importante en tu vida tiene hoy algo por lo que deberías preguntarle?

JUEVES

Menciona algo bonito que hayas presenciado hoy.

¿Con qué emociones has conectado hoy? Puedes recurrir al emocionario.

¿Alguien importante en tu vida tiene hoy algo por lo que deberías preguntarle?

VIERNES

Menciona algo bonito que hayas presenciado hoy.

¿Con qué emociones has conectado hoy? Puedes recurrir al emocionario.

¿Alguien importante en tu vida tiene hoy algo por lo que deberías preguntarle?

SÁBADO

Menciona algo bonito que hayas presenciado hoy.

¿Con qué emociones has conectado hoy? Puedes recurrir al emocionario.

¿Alguien importante en tu vida tiene hoy algo por lo que deberías preguntarle?

DOMINGO

Menciona algo bonito que hayas presenciado hoy.

¿Con qué emociones has conectado hoy? Puedes recurrir al emocionario.

¿Alguien importante en tu vida tiene hoy algo por lo que deberías preguntarle?

GRATITUD

Escribe 3 cosas por las que estés agradecida y tómate unos minutos para conectar con la sensación de ser afortunada por ellas.

1.
2.
3.

MI APRENDIZAJE

Si tu semana tuviera que tener una conclusión, ¿cuál sería?

LUNES

Menciona algo bonito que hayas presenciado hoy.

¿Con qué emociones has conectado hoy? Puedes recurrir al emocionario.

¿Alguien importante en tu vida tiene hoy algo por lo que deberías preguntarle?

MARTES

Menciona algo bonito que hayas presenciado hoy.

¿Con qué emociones has conectado hoy? Puedes recurrir al emocionario.

¿Alguien importante en tu vida tiene hoy algo por lo que deberías preguntarle?

MIÉRCOLES

Menciona algo bonito que hayas presenciado hoy.

¿Con qué emociones has conectado hoy? Puedes recurrir al emocionario.

¿Alguien importante en tu vida tiene hoy algo por lo que deberías preguntarle?

JUEVES

Menciona algo bonito que hayas presenciado hoy.

¿Con qué emociones has conectado hoy? Puedes recurrir al emocionario.

¿Alguien importante en tu vida tiene hoy algo por lo que deberías preguntarle?

VIERNES

Menciona algo bonito que hayas presenciado hoy.

¿Con qué emociones has conectado hoy? Puedes recurrir al emocionario.

¿Alguien importante en tu vida tiene hoy algo por lo que deberías preguntarle?

SÁBADO

Menciona algo bonito que hayas presenciado hoy.

¿Con qué emociones has conectado hoy? Puedes recurrir al emocionario.

¿Alguien importante en tu vida tiene hoy algo por lo que deberías preguntarle?

DOMINGO

Menciona algo bonito que hayas presenciado hoy.

¿Con qué emociones has conectado hoy? Puedes recurrir al emocionario.

¿Alguien importante en tu vida tiene hoy algo por lo que deberías preguntarle?

GRATITUD

Escribe 3 cosas por las que estés agradecida y tómate unos minutos para conectar con la sensación de ser afortunada por ellas.

1.
2.
3.

MI APRENDIZAJE

Si tu semana tuviera que tener una conclusión, ¿cuál sería?

LUNES

Menciona algo bonito que hayas presenciado hoy.

¿Con qué emociones has conectado hoy? Puedes recurrir al emocionario.

¿Alguien importante en tu vida tiene hoy algo por lo que deberías preguntarle?

MARTES

Menciona algo bonito que hayas presenciado hoy.

¿Con qué emociones has conectado hoy? Puedes recurrir al emocionario.

¿Alguien importante en tu vida tiene hoy algo por lo que deberías preguntarle?

MIÉRCOLES

Menciona algo bonito que hayas presenciado hoy.

¿Con qué emociones has conectado hoy? Puedes recurrir al emocionario.

¿Alguien importante en tu vida tiene hoy algo por lo que deberías preguntarle?

JUEVES

Menciona algo bonito que hayas presenciado hoy.

¿Con qué emociones has conectado hoy? Puedes recurrir al emocionario.

¿Alguien importante en tu vida tiene hoy algo por lo que deberías preguntarle?

VIERNES

Menciona algo bonito que hayas presenciado hoy.

¿Con qué emociones has conectado hoy? Puedes recurrir al emocionario.

¿Alguien importante en tu vida tiene hoy algo por lo que deberías preguntarle?

SÁBADO

Menciona algo bonito que hayas presenciado hoy.

¿Con qué emociones has conectado hoy? Puedes recurrir al emocionario.

¿Alguien importante en tu vida tiene hoy algo por lo que deberías preguntarle?

DOMINGO

Menciona algo bonito que hayas presenciado hoy.

¿Con qué emociones has conectado hoy? Puedes recurrir al emocionario.

¿Alguien importante en tu vida tiene hoy algo por lo que deberías preguntarle?

GRATITUD

Escribe 3 cosas por las que estés agradecida y tómate unos minutos para conectar con la sensación de ser afortunada por ellas.

1.
2.
3.

MI APRENDIZAJE

Si tu semana tuviera que tener una conclusión, ¿cuál sería?

MES
11

CALENDARIO EMOCIONAL

	SEMANA 1	SEMANA 2	SEMANA 3	SEMANA 4	SEMANA 5
LUNES					
MARTES					
MIÉRCOLES					
JUEVES					
VIERNES					
SÁBADO					
DOMINGO					

LUNES

Menciona algo bonito que hayas presenciado hoy.

¿Con qué emociones has conectado hoy? Puedes recurrir al emocionario.

¿Alguien importante en tu vida tiene hoy algo por lo que deberías preguntarle?

MARTES

Menciona algo bonito que hayas presenciado hoy.

¿Con qué emociones has conectado hoy? Puedes recurrir al emocionario.

¿Alguien importante en tu vida tiene hoy algo por lo que deberías preguntarle?

MIÉRCOLES

Menciona algo bonito que hayas presenciado hoy.

¿Con qué emociones has conectado hoy? Puedes recurrir al emocionario.

¿Alguien importante en tu vida tiene hoy algo por lo que deberías preguntarle?

JUEVES

Menciona algo bonito que hayas presenciado hoy.

¿Con qué emociones has conectado hoy? Puedes recurrir al emocionario.

¿Alguien importante en tu vida tiene hoy algo por lo que deberías preguntarle?

VIERNES

Menciona algo bonito que hayas presenciado hoy.

¿Con qué emociones has conectado hoy? Puedes recurrir al emocionario.

¿Alguien importante en tu vida tiene hoy algo por lo que deberías preguntarle?

SÁBADO

Menciona algo bonito que hayas presenciado hoy.

¿Con qué emociones has conectado hoy? Puedes recurrir al emocionario.

¿Alguien importante en tu vida tiene hoy algo por lo que deberías preguntarle?

DOMINGO

Menciona algo bonito que hayas presenciado hoy.

¿Con qué emociones has conectado hoy? Puedes recurrir al emocionario.

¿Alguien importante en tu vida tiene hoy algo por lo que deberías preguntarle?

GRATITUD

Escribe 3 cosas por las que estés agradecida y tómate unos minutos para conectar con la sensación de ser afortunada por ellas.

1.

2.

3.

MI APRENDIZAJE

Si tu semana tuviera que tener una conclusión, ¿cuál sería?

LUNES

Menciona algo bonito que hayas presenciado hoy.

¿Con qué emociones has conectado hoy? Puedes recurrir al emocionario.

¿Alguien importante en tu vida tiene hoy algo por lo que deberías preguntarle?

MARTES

Menciona algo bonito que hayas presenciado hoy.

¿Con qué emociones has conectado hoy? Puedes recurrir al emocionario.

¿Alguien importante en tu vida tiene hoy algo por lo que deberías preguntarle?

MIÉRCOLES

Menciona algo bonito que hayas presenciado hoy.

¿Con qué emociones has conectado hoy? Puedes recurrir al emocionario.

¿Alguien importante en tu vida tiene hoy algo por lo que deberías preguntarle?

JUEVES

Menciona algo bonito que hayas presenciado hoy.

¿Con qué emociones has conectado hoy? Puedes recurrir al emocionario.

¿Alguien importante en tu vida tiene hoy algo por lo que deberías preguntarle?

VIERNES

Menciona algo bonito que hayas presenciado hoy.

¿Con qué emociones has conectado hoy? Puedes recurrir al emocionario.

¿Alguien importante en tu vida tiene hoy algo por lo que deberías preguntarle?

SÁBADO

Menciona algo bonito que hayas presenciado hoy.

¿Con qué emociones has conectado hoy? Puedes recurrir al emocionario.

¿Alguien importante en tu vida tiene hoy algo por lo que deberías preguntarle?

DOMINGO

Menciona algo bonito que hayas presenciado hoy.

¿Con qué emociones has conectado hoy? Puedes recurrir al emocionario.

¿Alguien importante en tu vida tiene hoy algo por lo que deberías preguntarle?

GRATITUD

Escribe 3 cosas por las que estés agradecida y tómate unos minutos para conectar con la sensación de ser afortunada por ellas.

1.
2.
3.

MI APRENDIZAJE

Si tu semana tuviera que tener una conclusión, ¿cuál sería?

LUNES

Menciona algo bonito que hayas presenciado hoy.

¿Con qué emociones has conectado hoy? Puedes recurrir al emocionario.

¿Alguien importante en tu vida tiene hoy algo por lo que deberías preguntarle?

MARTES

Menciona algo bonito que hayas presenciado hoy.

¿Con qué emociones has conectado hoy? Puedes recurrir al emocionario.

¿Alguien importante en tu vida tiene hoy algo por lo que deberías preguntarle?

MIÉRCOLES

Menciona algo bonito que hayas presenciado hoy.

¿Con qué emociones has conectado hoy? Puedes recurrir al emocionario.

¿Alguien importante en tu vida tiene hoy algo por lo que deberías preguntarle?

JUEVES

Menciona algo bonito que hayas presenciado hoy.

¿Con qué emociones has conectado hoy? Puedes recurrir al emocionario.

¿Alguien importante en tu vida tiene hoy algo por lo que deberías preguntarle?

VIERNES

Menciona algo bonito que hayas presenciado hoy.

¿Con qué emociones has conectado hoy? Puedes recurrir al emocionario.

¿Alguien importante en tu vida tiene hoy algo por lo que deberías preguntarle?

SÁBADO

Menciona algo bonito que hayas presenciado hoy.

¿Con qué emociones has conectado hoy? Puedes recurrir al emocionario.

¿Alguien importante en tu vida tiene hoy algo por lo que deberías preguntarle?

DOMINGO

Menciona algo bonito que hayas presenciado hoy.

¿Con qué emociones has conectado hoy? Puedes recurrir al emocionario.

¿Alguien importante en tu vida tiene hoy algo por lo que deberías preguntarle?

GRATITUD

Escribe 3 cosas por las que estés agradecida y tómate unos minutos para conectar con la sensación de ser afortunada por ellas.

1.
2.
3.

MI APRENDIZAJE

Si tu semana tuviera que tener una conclusión, ¿cuál sería?

LUNES

Menciona algo bonito que hayas presenciado hoy.

¿Con qué emociones has conectado hoy? Puedes recurrir al emocionario.

¿Alguien importante en tu vida tiene hoy algo por lo que deberías preguntarle?

MARTES

Menciona algo bonito que hayas presenciado hoy.

¿Con qué emociones has conectado hoy? Puedes recurrir al emocionario.

¿Alguien importante en tu vida tiene hoy algo por lo que deberías preguntarle?

MIÉRCOLES

Menciona algo bonito que hayas presenciado hoy.

¿Con qué emociones has conectado hoy? Puedes recurrir al emocionario.

¿Alguien importante en tu vida tiene hoy algo por lo que deberías preguntarle?

JUEVES

Menciona algo bonito que hayas presenciado hoy.

¿Con qué emociones has conectado hoy? Puedes recurrir al emocionario.

¿Alguien importante en tu vida tiene hoy algo por lo que deberías preguntarle?

VIERNES

Menciona algo bonito que hayas presenciado hoy.

¿Con qué emociones has conectado hoy? Puedes recurrir al emocionario.

¿Alguien importante en tu vida tiene hoy algo por lo que deberías preguntarle?

SÁBADO

Menciona algo bonito que hayas presenciado hoy.

¿Con qué emociones has conectado hoy? Puedes recurrir al emocionario.

¿Alguien importante en tu vida tiene hoy algo por lo que deberías preguntarle?

DOMINGO

Menciona algo bonito que hayas presenciado hoy.

¿Con qué emociones has conectado hoy? Puedes recurrir al emocionario.

¿Alguien importante en tu vida tiene hoy algo por lo que deberías preguntarle?

GRATITUD

Escribe 3 cosas por las que estés agradecida y tómate unos minutos para conectar con la sensación de ser afortunada por ellas.

1.

2.

3.

MI APRENDIZAJE

Si tu semana tuviera que tener una conclusión, ¿cuál sería?

LUNES

Menciona algo bonito que hayas presenciado hoy.

¿Con qué emociones has conectado hoy? Puedes recurrir al emocionario.

¿Alguien importante en tu vida tiene hoy algo por lo que deberías preguntarle?

MARTES

Menciona algo bonito que hayas presenciado hoy.

¿Con qué emociones has conectado hoy? Puedes recurrir al emocionario.

¿Alguien importante en tu vida tiene hoy algo por lo que deberías preguntarle?

MIÉRCOLES

Menciona algo bonito que hayas presenciado hoy.

¿Con qué emociones has conectado hoy? Puedes recurrir al emocionario.

¿Alguien importante en tu vida tiene hoy algo por lo que deberías preguntarle?

JUEVES

Menciona algo bonito que hayas presenciado hoy.

¿Con qué emociones has conectado hoy? Puedes recurrir al emocionario.

¿Alguien importante en tu vida tiene hoy algo por lo que deberías preguntarle?

VIERNES

Menciona algo bonito que hayas presenciado hoy.

¿Con qué emociones has conectado hoy? Puedes recurrir al emocionario.

¿Alguien importante en tu vida tiene hoy algo por lo que deberías preguntarle?

SÁBADO

Menciona algo bonito que hayas presenciado hoy.

¿Con qué emociones has conectado hoy? Puedes recurrir al emocionario.

¿Alguien importante en tu vida tiene hoy algo por lo que deberías preguntarle?

DOMINGO

Menciona algo bonito que hayas presenciado hoy.

¿Con qué emociones has conectado hoy? Puedes recurrir al emocionario.

¿Alguien importante en tu vida tiene hoy algo por lo que deberías preguntarle?

GRATITUD

Escribe 3 cosas por las que estés agradecida y tómate unos minutos para conectar con la sensación de ser afortunada por ellas.

1. __________

2. __________

3. __________

MI APRENDIZAJE

Si tu semana tuviera que tener una conclusión, ¿cuál sería?

MES
12

CALENDARIO EMOCIONAL

	SEMANA 1	SEMANA 2	SEMANA 3	SEMANA 4	SEMANA 5
LUNES					
MARTES					
MIÉRCOLES					
JUEVES					
VIERNES					
SÁBADO					
DOMINGO					

LUNES

Menciona algo bonito que hayas presenciado hoy.

¿Con qué emociones has conectado hoy? Puedes recurrir al emocionario.

¿Alguien importante en tu vida tiene hoy algo por lo que deberías preguntarle?

MARTES

Menciona algo bonito que hayas presenciado hoy.

¿Con qué emociones has conectado hoy? Puedes recurrir al emocionario.

¿Alguien importante en tu vida tiene hoy algo por lo que deberías preguntarle?

MIÉRCOLES

Menciona algo bonito que hayas presenciado hoy.

¿Con qué emociones has conectado hoy? Puedes recurrir al emocionario.

¿Alguien importante en tu vida tiene hoy algo por lo que deberías preguntarle?

JUEVES

Menciona algo bonito que hayas presenciado hoy.

¿Con qué emociones has conectado hoy? Puedes recurrir al emocionario.

¿Alguien importante en tu vida tiene hoy algo por lo que deberías preguntarle?

VIERNES

Menciona algo bonito que hayas presenciado hoy.

¿Con qué emociones has conectado hoy? Puedes recurrir al emocionario.

¿Alguien importante en tu vida tiene hoy algo por lo que deberías preguntarle?

SÁBADO

Menciona algo bonito que hayas presenciado hoy.

¿Con qué emociones has conectado hoy? Puedes recurrir al emocionario.

¿Alguien importante en tu vida tiene hoy algo por lo que deberías preguntarle?

DOMINGO

Menciona algo bonito que hayas presenciado hoy.

¿Con qué emociones has conectado hoy? Puedes recurrir al emocionario.

¿Alguien importante en tu vida tiene hoy algo por lo que deberías preguntarle?

GRATITUD

Escribe 3 cosas por las que estés agradecida y tómate unos minutos para conectar con la sensación de ser afortunada por ellas.

1.

2.

3.

MI APRENDIZAJE

Si tu semana tuviera que tener una conclusión, ¿cuál sería?

LUNES

Menciona algo bonito que hayas presenciado hoy.

¿Con qué emociones has conectado hoy? Puedes recurrir al emocionario.

¿Alguien importante en tu vida tiene hoy algo por lo que deberías preguntarle?

MARTES

Menciona algo bonito que hayas presenciado hoy.

¿Con qué emociones has conectado hoy? Puedes recurrir al emocionario.

¿Alguien importante en tu vida tiene hoy algo por lo que deberías preguntarle?

MIÉRCOLES

Menciona algo bonito que hayas presenciado hoy.

¿Con qué emociones has conectado hoy? Puedes recurrir al emocionario.

¿Alguien importante en tu vida tiene hoy algo por lo que deberías preguntarle?

JUEVES

Menciona algo bonito que hayas presenciado hoy.

¿Con qué emociones has conectado hoy? Puedes recurrir al emocionario.

¿Alguien importante en tu vida tiene hoy algo por lo que deberías preguntarle?

VIERNES

Menciona algo bonito que hayas presenciado hoy.

¿Con qué emociones has conectado hoy? Puedes recurrir al emocionario.

¿Alguien importante en tu vida tiene hoy algo por lo que deberías preguntarle?

SÁBADO

Menciona algo bonito que hayas presenciado hoy.

¿Con qué emociones has conectado hoy? Puedes recurrir al emocionario.

¿Alguien importante en tu vida tiene hoy algo por lo que deberías preguntarle?

DOMINGO

Menciona algo bonito que hayas presenciado hoy.

¿Con qué emociones has conectado hoy? Puedes recurrir al emocionario.

¿Alguien importante en tu vida tiene hoy algo por lo que deberías preguntarle?

GRATITUD

Escribe 3 cosas por las que estés agradecida y tómate unos minutos para conectar con la sensación de ser afortunada por ellas.

1.
2.
3.

MI APRENDIZAJE

Si tu semana tuviera que tener una conclusión, ¿cuál sería?

LUNES

Menciona algo bonito que hayas presenciado hoy.

¿Con qué emociones has conectado hoy? Puedes recurrir al emocionario.

¿Alguien importante en tu vida tiene hoy algo por lo que deberías preguntarle?

MARTES

Menciona algo bonito que hayas presenciado hoy.

¿Con qué emociones has conectado hoy? Puedes recurrir al emocionario.

¿Alguien importante en tu vida tiene hoy algo por lo que deberías preguntarle?

MIÉRCOLES

Menciona algo bonito que hayas presenciado hoy.

¿Con qué emociones has conectado hoy? Puedes recurrir al emocionario.

¿Alguien importante en tu vida tiene hoy algo por lo que deberías preguntarle?

JUEVES

Menciona algo bonito que hayas presenciado hoy.

¿Con qué emociones has conectado hoy? Puedes recurrir al emocionario.

¿Alguien importante en tu vida tiene hoy algo por lo que deberías preguntarle?

VIERNES

Menciona algo bonito que hayas presenciado hoy.

¿Con qué emociones has conectado hoy? Puedes recurrir al emocionario.

¿Alguien importante en tu vida tiene hoy algo por lo que deberías preguntarle?

SÁBADO

Menciona algo bonito que hayas presenciado hoy.

¿Con qué emociones has conectado hoy? Puedes recurrir al emocionario.

¿Alguien importante en tu vida tiene hoy algo por lo que deberías preguntarle?

DOMINGO

Menciona algo bonito que hayas presenciado hoy.

¿Con qué emociones has conectado hoy? Puedes recurrir al emocionario.

¿Alguien importante en tu vida tiene hoy algo por lo que deberías preguntarle?

GRATITUD

Escribe 3 cosas por las que estés agradecida y tómate unos minutos para conectar con la sensación de ser afortunada por ellas.

1.
2.
3.

MI APRENDIZAJE

Si tu semana tuviera que tener una conclusión, ¿cuál sería?

LUNES

Menciona algo bonito que hayas presenciado hoy.

¿Con qué emociones has conectado hoy? Puedes recurrir al emocionario.

¿Alguien importante en tu vida tiene hoy algo por lo que deberías preguntarle?

MARTES

Menciona algo bonito que hayas presenciado hoy.

¿Con qué emociones has conectado hoy? Puedes recurrir al emocionario.

¿Alguien importante en tu vida tiene hoy algo por lo que deberías preguntarle?

MIÉRCOLES

Menciona algo bonito que hayas presenciado hoy.

¿Con qué emociones has conectado hoy? Puedes recurrir al emocionario.

¿Alguien importante en tu vida tiene hoy algo por lo que deberías preguntarle?

JUEVES

Menciona algo bonito que hayas presenciado hoy.

¿Con qué emociones has conectado hoy? Puedes recurrir al emocionario.

¿Alguien importante en tu vida tiene hoy algo por lo que deberías preguntarle?

VIERNES

Menciona algo bonito que hayas presenciado hoy.

¿Con qué emociones has conectado hoy? Puedes recurrir al emocionario.

¿Alguien importante en tu vida tiene hoy algo por lo que deberías preguntarle?

SÁBADO

Menciona algo bonito que hayas presenciado hoy.

¿Con qué emociones has conectado hoy? Puedes recurrir al emocionario.

¿Alguien importante en tu vida tiene hoy algo por lo que deberías preguntarle?

DOMINGO

Menciona algo bonito que hayas presenciado hoy.

¿Con qué emociones has conectado hoy? Puedes recurrir al emocionario.

¿Alguien importante en tu vida tiene hoy algo por lo que deberías preguntarle?

GRATITUD

Escribe 3 cosas por las que estés agradecida y tómate unos minutos para conectar con la sensación de ser afortunada por ellas.

1.
2.
3.

MI APRENDIZAJE

Si tu semana tuviera que tener una conclusión, ¿cuál sería?

LUNES

Menciona algo bonito que hayas presenciado hoy.

¿Con qué emociones has conectado hoy? Puedes recurrir al emocionario.

¿Alguien importante en tu vida tiene hoy algo por lo que deberías preguntarle?

MARTES

Menciona algo bonito que hayas presenciado hoy.

¿Con qué emociones has conectado hoy? Puedes recurrir al emocionario.

¿Alguien importante en tu vida tiene hoy algo por lo que deberías preguntarle?

MIÉRCOLES

Menciona algo bonito que hayas presenciado hoy.

¿Con qué emociones has conectado hoy? Puedes recurrir al emocionario.

¿Alguien importante en tu vida tiene hoy algo por lo que deberías preguntarle?

JUEVES

Menciona algo bonito que hayas presenciado hoy.

¿Con qué emociones has conectado hoy? Puedes recurrir al emocionario.

¿Alguien importante en tu vida tiene hoy algo por lo que deberías preguntarle?

VIERNES

Menciona algo bonito que hayas presenciado hoy.

¿Con qué emociones has conectado hoy? Puedes recurrir al emocionario.

¿Alguien importante en tu vida tiene hoy algo por lo que deberías preguntarle?

SÁBADO

Menciona algo bonito que hayas presenciado hoy.

¿Con qué emociones has conectado hoy? Puedes recurrir al emocionario.

¿Alguien importante en tu vida tiene hoy algo por lo que deberías preguntarle?

DOMINGO

Menciona algo bonito que hayas presenciado hoy.

¿Con qué emociones has conectado hoy? Puedes recurrir al emocionario.

¿Alguien importante en tu vida tiene hoy algo por lo que deberías preguntarle?

GRATITUD

Escribe 3 cosas por las que estés agradecida y tómate unos minutos para conectar con la sensación de ser afortunada por ellas.

1.

2.

3.

MI APRENDIZAJE

Si tu semana tuviera que tener una conclusión, ¿cuál sería?

NOTAS

Un lugar para sanar | Esmi Lugar Seguro
esmilugarseguro.com

Si quieres estar más cerca de mí y tener acceso a contenido y materiales para seguir sanando y cuidando de ti, únete a Esmi Lugar Seguro ♡